イスラーム信仰叢書 8

イスラーム成立前の諸宗教

徳永里砂 著

国書刊行会

口絵１　オマーン、ズファール地方の乳香樹（中易誠子氏撮影）。古代中近東・地中海世界において最もよく知られた樹脂香料である乳香はイエメンのハドラマウト、ソコトラ島、オマーンのズファール地方、および東アフリカの限られた地域でのみ生育する。

口絵２　乳香。

口絵３　没薬もまたアラビアおよび東アフリカに生育する重要な香料であり、他の香料に調合されたり、エジプトではミイラ作りに使用されたりした。没薬は、乳香とともに前１千年紀のアラビアの繁栄の鍵となる交易品目であった。

口絵４　サウジアラビア、ジェッダの旧市街の香料屋。乳香の大きな塊が並べられている。手前は香炉。

口絵５　前２千年紀後半に運搬動物として使われ始めたラクダは、乾燥地の厳しい環境の中、約200キロの荷を背負って一日約50キロの道のりを歩くことが出来る。ラクダを使用した隊商貿易により、アラビアの交易路・都市は目覚ましい発展を遂げた。

口絵６　ラクダの毛色は黄土色、茶色、白、黒灰色などさまざまである。また、ラクダの肉、乳が食用となる他、皮革から燃料となる糞に至るまで、すべてが有効利用される。

口絵７　マアリブ（イエメン）のバルアーン神殿。

口絵８（左）　古代南アラビアの人物頭像。口絵９（右）　古代南アラビアの人物座像。南アラビアの神殿や墓からは信者を表す奉献物と考えられる多くの像が出土している（イスタンブル考古学博物館蔵）。

口絵10　タイマー（サウジアラビア）の墓域で発見されたステラ。碑文はアラム語。

口絵11　北アラビアのオアシス都市ウラー（サウジアラビア）は古代にはディーダーンと呼ばれ隊商交易の拠点として栄えた。今日も広大なナツメヤシ園が広がる。

口絵12　ウラー（ディーダーン）の南アラビア人の岩窟墓。ウラーには多くの南アラビア出身者が居住し、交易に携わっていた。

口絵13　ナバテア王国の南の都ヘグラ（ヒジュル）の栄えたマダーイン・サーリフには首都ペトラ（ヨルダン）と同様の前1世紀の岩窟墓が131基存在する。地名は「サーリフの町々」の意味で、遺跡が預言者サーリフに背いたサムードの民の町の廃墟と信じられてきたことに由来する。14世紀のモロッコの旅行家イブン・バットゥータは、ここを訪れた際のことを次のように記している。「その場所には、赤い岩塊の山々のなかにサムードの住家［跡］がある。その住家は、岩石を切り刻み、家の敷居を彫り込んだものであるために、それを見る人は誰もが最近になって造ったものと見間違えるほどである。サムードたちの人骨は、その住家の内部にぼろぼろに砕け［散乱し］ている。」（『大旅行記』2、イブン・ジュザイイ編、家島彦一訳注、平凡社、19〜20頁）

口絵14　ルブウ・アルハーリー砂漠との境界に位置するビイル・ヒマー（サウジアラビア南西部）には先史時代以降の多くの岩絵、碑文が見られる。

口絵15　弓矢やタンバリン（盾？）を持つ人々。周囲に南西サムード文字で刻者の名前等が刻まれている（ビイル・ヒマー）。

口絵16　後2～5世紀頃の古代南アラビア文字の碑文と岩絵（ビイル・ヒマー）。

口絵17　ヒラー洞穴のあるヌール山（マッカ郊外）。ここで預言者ムハンマドにアッラーの最初の啓示が下された。

口絵18　ヌール山山頂のヒラー洞穴。

総編集者のことば

最も慈悲深く、慈愛あまねきアッラーの御名において

イスラームが紀元七世紀、アラビア半島において産声を上げたことはよく知られている。ところがその成立以前の同地における宗教事情は、今まであまり知る由もなかった。本書の目的は、この空白の未開拓地に新たな鍬を入れ、新しい知的世界を日本に初めて包括的に紹介しようということにある。そうすることは、同時にイスラームが人々にとってどれほど大きな救済であり、社会生活の指針となったかを明らかにすることでもある。

このような客観的な研究が進められ、その成果が公表されるまでには、やはり相当の歴史と葛藤がムスリムの間に見られたことも、ここで少々記しておく意味はあるであろう。伝統的には、イスラームは無謬《むびゅう》であり一切他からの影響を受けないで生まれたと考える向きが一般的であった。しかしそれは史実に反するとして、初めてペルシアやインド、そしてギリシアの宗教や哲学の影響を正面から認めて、初期イスラーム史を叙述したのはエジプトの歴史家アフマド・アミーン（一八八六～一九五四年）であった。彼の『イスラームの暁』（一九二七年）はムスリムとしては初めてそのような見地を表明したのであった。それが当時の社会に及ぼしたた

だならぬ波紋は、想像するに余りあろう。それはムスリムの自意識と自らの宗教に対する態度に、一八〇度の転換をもたらしたと言える。

ただしそれが彼独自の見解というよりは、多分にヨーロッパの研究者の学説に倣いつつ打ち立てられたことは、自他共に認めているところである。そしてその後は、連綿と継続された彼のイスラーム史叙述により、その独自性も確立するに至ったのであった。いずれにしても見過ごせないのは、以上のような自己認識の大転換を迫られ、それを経過することにより初めて、現代におけるムスリムのいわば世界観が打ち立てられたという経緯があったということである。

一方で看過できないことは、イスラームの信仰内容として、イスラームは人間の本然的な教えとして、本来人は全員ムスリムであると考えるということである。しかしさまざまな害悪が本来のムスリムの途を逸らせて、そこで異教や邪教に従うようになったと位置づけるということである。イスラームではそれぞれの民族に絶対主の啓示を伝える預言者が遣わせられたが、その中には不服従の態度で滅びてしまった民族も多数あった、しかしイスラームは最後の、そして完璧な教えとして降ろされたと考える。

このように考えるということは、右に見たように、紀元七世紀にイスラームがさまざまな影響の下で成立したとすることと矛盾しているわけではない。本然的な教えとしてのイスラームと、歴史現象としての七世紀以後のイスラームという、両者を混同しないようにする必要があろう。
本書で議論され紹介されるのは、後者にいうイスラームであり、それ以前の諸宗教とそれらのイスラームとの関係などである。それを本書では、一次資料である考古資料と碑文史料の研究に比重を置いてまとめられている。本書の無事な船出とともに、著者である徳永女史の今後の実り多いご研究を祈る次第である。

平成二四年春

総編集者　水谷　周

目次

I　序　章

アラビアの古代隊商都市ディーダーンの遺跡（Al-Ghabban: 266）。

アラビア史を語るとき、その主な関心は常にイスラーム時代にあった。しかし、アラビア半島が世界史の中で重要な地位を占めたのはイスラーム成立以降だけではない。それ以前から、アラビア半島にはさまざまな人々が往来し、多様な宗教が存在した。本書ではその歴史を、古代から現代に残された一次史料を軸に紹介する。まず本章では、古代アラビアの宗教を知るための文献史料・考古学的資料の種類、アラビア半島に存在した人々、先史時代のアラビア、最初期の宗教的遺物などについて述べる。

七世紀のアラビア半島に興ったイスラームとその拡大については、これまでにムスリム、非ムスリムを問わず多くの歴史学者・宗教学者たちが論じてきた。しかし、それ以前の時代ということになると、多くの人々の興味の対象からはすっかり外れてしまうようである。

イスラーム時代は、広義には現在までを包含する時代である。世界の人口の約四分の一にあたる一六億七〇〇〇万人を占めるイスラーム教徒たちが、一四世紀に及ぶイスラームの長い歴史の中の登場人物と、信仰およびそれに基づく感性を共有している。その一方で、イスラーム以前の時代となると、自分たちから遠く離れた、まったく不可解な時代と考えられているということもあろう。しかし、忘れてはならないのは、イスラーム以前の社会とは、預言者ムハンマドが生まれ、育ち、半生を送った時代でもあるということである。

たしかに、イスラームは地理的に広大な版図を支配するようになると、エジプト、ギリシア・ローマ、ペルシアなどそれぞれの土地に存在した高度な文明・技術を急速に吸収して独自の新たな文化を創り上げた。それが「イスラーム文化」と呼ばれるもので、建築・美術・学問の分野で当時の世界最高水準に達し、ヨーロッパのルネサンスにも大きな影響を与えたのである。しかし、預言者ムハンマドが親しんだ文化とは、「イスラーム文化」が生まれる前の古代アラビアの文化である。

ムハンマドは神の啓示を受け、改めるべきことを改めただけであり、決して当時の社会のすべてを変えようとしたのではない。ましてや、物質文化的側面での変化は非常に少なかったはずである。

イスラームによって何が変わり、何が変わらなかったのか。このことを知らずにイスラームを語ることはできない。したがって、イスラームの正しい理解のためには、それ以前の古代アラビア社会についての偏見のない理解が不可欠である。ところが、世界中で大きな宗教的・歴史的関心が寄せられる預言者ムハンマドの時代ですら、この時代について描かれたものを見てみると、人々の頭の中には現実とかなり異なったイメージが存在していることがわかる。例えば、イスラーム諸国の子供向けの絵本を見ると、預言者の周辺の登場人物たちの着ている衣服はたいてい無地で白が中心である。たしかに白は、イスラームが重んじる清潔さを象徴する色であり、現在の湾岸諸国の男性の正装の基調でもある。しかし、預言者の時代のマッカやマディーナで衣服に一般的に用いられていたのは、赤や黄の布、さまざまな縞模様の布である。預言者自身も南アラビアの縞模様や鮮やかな色の服を好んで身に付けていたという。ブハーリーの伝えるハディースにも、アル・バラーウの言葉として「[預言者が]これまで見たこともないほど美しい赤い衣を着ているのを見た」、「赤い布をまとった預言者より美しい人を見たことがない」(牧野信也訳『ハディース』V)という記述があるし、同ハディースの別の個所では、預言者が赤い服を着て礼拝を先導したことが伝えられている。これらに加え、当時のアラビアにはインドの染物、香料、その他さまざまな産物がイエメンの港経由で運ばれてきたはずである。実際の古代アラビアの文化は、色鮮やかで国際色豊かなものであり、イスラーム時代に入ってもなお、その物質文化はほぼそのまま引き継がれた。

先入観は長期間にわたり多くの人々にとって重要で注目を集めてきたからこそ存在するのであり、またその形成過程において、イスラーム以前の時代に関する十分な資料がなかったことも理由に挙げられよう。しかし、本書でイスラーム以前の諸宗教について論じるにあたっては、そういった思い込みから離れ、考古学および同時代の文献史料をもとに概観を試みたい。筆者の力量では、本巻で前述の問いに対する明白な解答を見出すことは到底できないが、このような出発点に立ち、現存する遺跡・遺物、碑文史料、古代よりアラビア半島の人々に変わらず受け継がれている伝統文化を見ながら、古代アラビアの宗教生活を紹介したい。

なお、「イスラーム以前の諸宗教」として本書で扱うのは、イスラーム生誕の地である北西アラビアと、それに古くから直接的なかかわりを持つ南アラビアに限り、古代エジプト、メソポタミア、湾岸、ペルシア、アナトリアの宗教についてはここでは論じないことをお断りしておく。アラビア半島におけるイスラーム以前の一神教およびユダヤ教、キリスト教に関しては独自の章を設けた。

1　史料について

本書では、考古学的資料・碑文史料といった同時代史料を基に論じるが、まず、同時代史料かそうでないかにかかわらず、イスラーム以前のアラビア半島の宗教に関する主な情報源を挙げてみると、次のとおりである。

①イスラーム時代の文献
②ジャーヒリーヤ詩
③クルアーンとハディース
④考古学的資料
⑤アラビア半島の碑文史料
⑥ギリシア・ローマ古典史料
⑦その他の周辺諸国による記録

①イスラーム時代の文献

イスラーム時代の文献に関して見てみると、イスラーム以前の宗教に的を絞って書かれたものでは、唯一、イブン・アルカルビー（七三七～八一九年）による『偶像の書』が現存する。これは、アラビア半島各地の偶像神とそれぞれの特性、儀式が簡潔にまとめられたもので、イスラーム以前の多神教の様相を示す重要な史料となっている。しかし、この書は偶像崇拝の堕落性を証明するという意図に基づいて執筆されていることに留意しなくてはならない。その他、マッカのアズラキー（八四五年没）による『マッカの情報とその史跡について』、イラクで活躍したタバリー（八三八～九二三年）の『諸使徒と諸王の歴史』、イエメンの歴史学者ハムダーニー（八九三～九四五年）の『アラビア半島地誌』と『王冠の書』にもイスラーム以前のアラビアについての記述があるが、その宗教に関する記述は非常に限られている。

その一方で、アラビア語文献の中には、古文書の状態のまま日の目を浴びることなく眠っているものも存在する。特に聖地マッカとマディーナの図書館には手つかずの文献が数多く所蔵されており、今後の研究が期待されるところである（二大聖地の図書館に関しては本叢書第五巻、水谷周『イスラーム建築の心』を参照されたい）。

②ジャーヒリーヤ詩

ジャーヒリーヤ詩とは、イスラーム以前の詩を指す。イスラーム史観において、イスラーム以前の時代は「ジャーヒリーヤ時代」（無蒙時代）と呼ばれ、ジャーヒリーヤ詩とは、その時代に創られた詩ということである。イスラーム直前の時代、詩人たちは競って詩を吟じ、時には詩の朗誦に楽団が伴うこともあった。彼らは名誉、賛美、中傷、恋愛を詠《うた》い、言葉の表現力、雄弁さに優れた者こそが、最も人々の称賛を集めた。その文学性の高さから、ジャーヒリーヤ詩は現在もなお、アラブ文学の中の主要なジャンルの一つを占めている。詩自体が作られたのはイスラーム以前のことであるが、当時の人々は記憶力に頼り文字に記すことにさほど関心を払わなかったので、これらが編纂されたのは初期イスラーム時代のことである。こういった詩にも、当時人々が崇拝していた神々の名や占いなどの様子が見られる。

③クルアーンとハディース

さらに、イスラーム以前に崇拝されていた神および信仰形態の一端は、クルアーンとハディースからも読み取ることができる。預言者ムハンマドの時代、イスラームの興ったごく初期の時代には、まだ多神教が存在しており、クルアーンにはワッド、スワーウ、ヤグース、ヤウーク、ナスルなどの神名が挙げられている。また、ブハーリーによるハディースにもイブン・アッバースの伝えている情報として、次のようなものがある。

「ヌーフ（ノア）の民の間で崇められていた偶像はアラブの間にも広まった。ワッドはダウマト・ル・ジャンダルのカルブ族の偶像であり、スワーウはフザイル族の偶像であり、ヤウークはハムダーン族の偶像であり、ナスルはヒムヤル族とズ・ル・カラーゥの人々の偶像であった。これらは元来、ヌーフの民のうちの敬虔な人々の名前であったが、彼らが死んだとき、シャイターンはヌーフの民に、彼らの集まる場所に像を立て、それにかの敬虔な人達の名前をつけるように入れ智慧した。そこで彼らはその通りにしたが、経験な人達が死んでその記憶が失われた後、はじめて偶像は拝まれるようになったという」（前掲『ハディース』Ⅳ）。

しかし、歴史的観点から見たときに、より注目すべきものは、ハディースの預言者の生活に関する記述である。ハディースには、信徒の生活の指針とするために、預言者の言葉、日常生活の様子が細部にいたるまで口承で伝えられた情報にもとづいて記録されている。通常、歴史の中で書きとめられる事柄というのは、戦争、政治、権力者への賞賛、宗教儀式などの特記すべき出来事であり、日常生活の様子が書きとめられることはなかったし、その必要性もなかった。しかし、それらが失われてしまった今日、ハディースの日常生活に関する記述は大変貴重である。そして、そのような記述の中から、イスラーム以前の暮らしや宗教的慣習を知ることができるのである。このような意味で、ハディースの史料的価値はより重視されてしかるべきであろう。

さて、以上で挙げた①～③はいずれもイスラーム時代になってから記録されたものである。これらに対して、④考古学的資料、⑤アラビア半島の碑文史料、⑥ギリシア・ローマ古典史料、⑦アッシリアなどの周辺諸国による記録は、イスラーム以前の時代の様相を直接今日に伝える同時代史料である。

④考古学的資料

考古学的資料とは過去に関する物的証拠である。近年ではヨルダン、イエメンのみならずサウジアラビアでもイスラーム以前の遺跡の考古学的調査・研究が継続的に行われ、豊富な碑文史料の研究の進展とともに、毎年新たな事実が明らかにされている。資料的に十分とはいえないまでも、アラビア古代史へのかなりの実証的アプローチが可能になってきたといえよう。

考古学は一九世紀のヨーロッパに始まる歴史学研究法である。中近東でもヨーロッパから近いエジプトでは、早い時期からその豊富な考古遺物に注目が集まり、多くの古物収集家や学者たちが実際に現地を訪れた。それに対し、アラビア半島はヨーロッパから遠く、長い間秘境であり続けた。アラビア半島で初めて大規模な遺構の考古学的発掘調査が行われたのは、第二次世界大戦前の一九三七年のことで、イギリスの女性考古学者G・ケイトン＝トンプソンが高名な女性探検家F・スタークらとともにイエメン（当時はアデン保護領）のハドラマウトの古代の神殿を発掘したのが最初である。しかし、その後継続的に調査が行われたわけではない。第二次世界大戦後、一九五〇年代にW・フィリップス率いるアメリカ隊がイエメンで発掘調査を行っているが、当時、イエメン王国統治下のマアリブの調査中に当局との関係が危機的なものとなり、中断を余儀なくされた。その後、ようやく一九八〇年代になって、フランス、ドイツ、イタリア、アメリカ、ソヴィエトが発掘調査を開始した。

一方で、アラビア半島の大半を占めるサウジアラビアでは、一九七〇年代に初めて発掘調査が行われるようになる。調査は当初、サウジアラビア考古庁委嘱の欧米の考古学者の主導で進められたが、一九七八年にキング・サウード大学（当時リヤード大学）歴史学科内に考古学・博物館学専攻（現在は観光・考古学部）が創設され、同大学教授アブドゥルラフマーン・アルアンサーリーによりサウジアラビア人主導の初めての発掘調査が行われた。こうして国内の研究者の育成に力が注がれた結果、現在では国内外双方の研究者による継続的な発掘調査が行われ、その成果は国際的に注目されている。

とはいえ、アラビア半島の考古学的調査は、エジプト、メソポタミア、シリア・パレスチナ、アナトリアなどの他の中近東地域に比較すると著しく遅れており、手つかずの遺跡が数多く残されている。
このような状況において、考古学的資料を扱う際にとくに注意しなくてはならないのは、資料の偏りの問題である。一部の地域に多くの宗教的遺物の出土が集中しているからといって、そこが独占的な宗教的中心地であったとはいえないし、逆に、遺跡の存在すら知られていないにもかかわらず、実際には非常に重要な都市が存在したということも多分にある。たとえば、マッカはイスラーム以前も宗教的中心地として、多くの偶像神が祀られていたことがイスラーム時代の文献から知られているが、仮にイスラーム以前の遺構の一部が現存していたとしても、巡礼者が絶えない現在のカアバ聖殿近辺の地下であり、発見される可能性は皆無である。

アラビア半島における考古学的調査の成果を見てみると、これまでに発掘された遺跡の多くが神殿、墓域であることから、宗教儀式にかかわる人物像、ステラ（石柱・石板）、奉献台、香炉などが目立つ。これらは、次に述べる碑文史料と合わせて、古代の実際の信仰形態を知るための最も重要な資料である。

⑤アラビア半島の碑文史料

碑文史料は、考古学的発掘調査によって出土する遺物に含まれる場合もあるが、自然の岩や岩壁に刻まれていたり、建造物の一部に刻まれたものが遺跡にそのまま残されていたり、あるいは住居の石材として再利用されていたり（図Ⅰ－1）、また古い時代に遺跡から持ち去られたまま個人の所有物になっていることもある。こちらの史料は、わざわざ地中から掘り起こさなくとも目に触れる場所に存在することが多く、またその数の豊富さから、考古学的調査の開始よりも遥かに古くから研究が始められた。本項では、イスラーム以前のアラビア半島の碑文史料およびその初期の研究史について触れておきたい。

イスラーム以前のアラビア半島では、現在のアラビア文字とは異なる南セム文字が使われていた。南セム文字とは、カナアン文字や原シナイ文字といった初期のアルファベット（表音文字）がアラビア半島に伝わり、独自の変化を遂げたグループである（図Ⅰ－2）。それ以前のアラビアには、文字が存在しなかった。アルファベットはディーダーン、タイマー、ジャウフといったヒジャーズ地方のオアシス都市、南アラビア（イエメン）、湾岸のハサー地方に定着し、それぞれの地域で独自の書体を形成した（図Ⅰ－3、4）。とくに前八世紀以降イエメンで発達した古代南アラビア文字（図Ⅰ－5）は、美術的にも高度な発展を遂げ、一五世紀近くの間使われ続け、周辺の文字に大きな影響を与えたが、イスラーム時代に入りしばらくすると使用されなくなり、忘れ去られた。

その後一八世紀後半になって、C・ニーブール（図Ⅰ－6）をはじめ、U・ゼーツェン、J・R・ウェルステッドらヨーロッパの探検家たちがアラビアに入り、これらの碑文の存在が

図Ｉ－１　古代の奉献台にイスラーム時代のアラビア語碑文が刻まれて近代家屋の壁面に再利用されている様子。その右下には古代南アラビア語碑文の刻まれた石が使われている（ウラーの旧市街）（Al-Anṣārī & Abū al-Ḥasan 2002a: 20）。

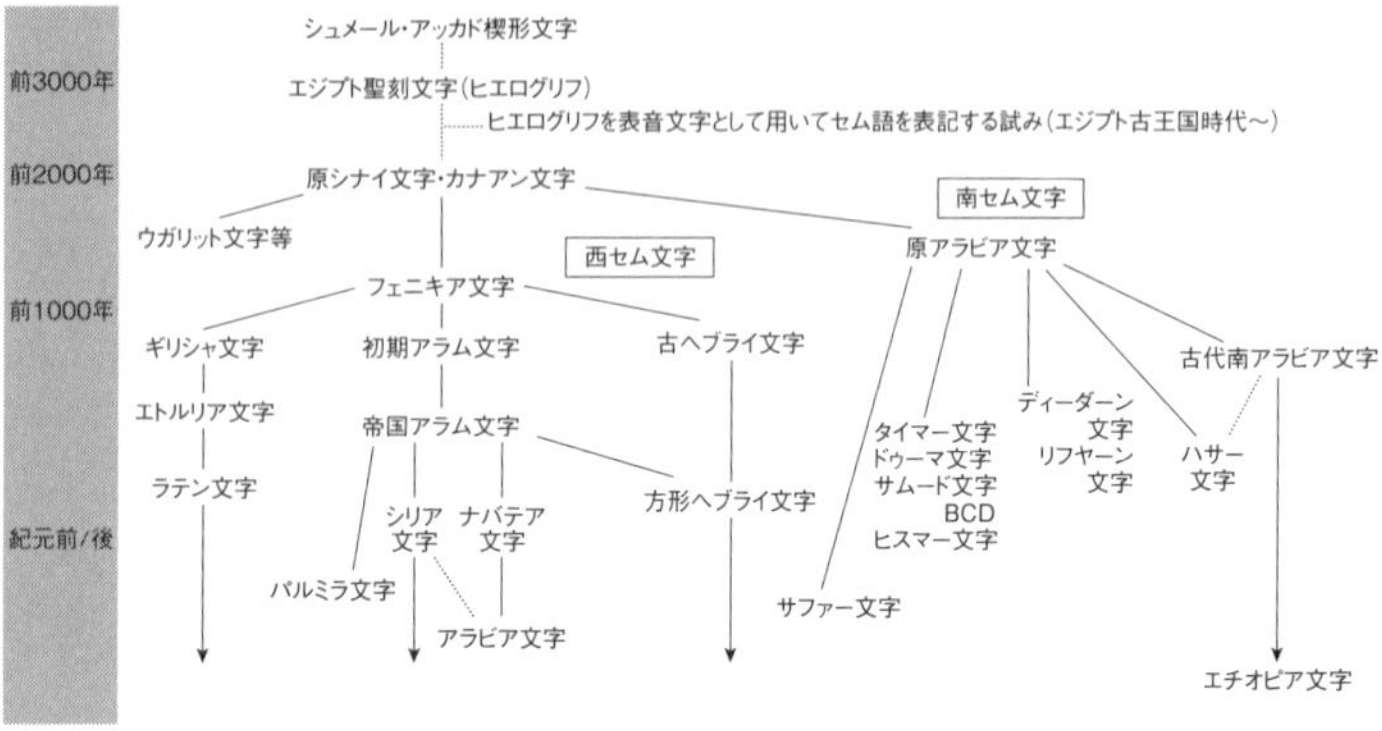

図Ｉ－２ アルファベットの系統樹。南セム文字とは、カナアン文字や原シナイ文字といった初期アルファベットを起源とするアルファベットのうち、アラビア半島に伝わって独自の変化を遂げたグループである。

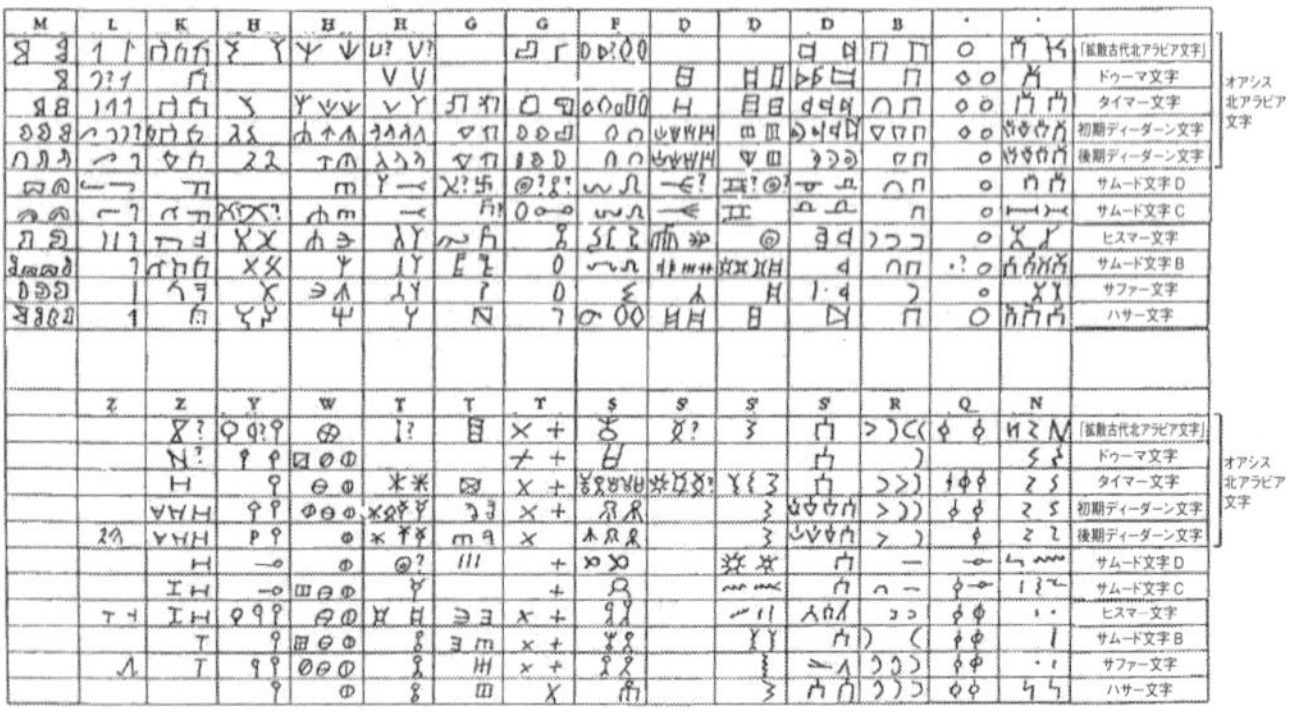

図Ｉ－３　古代北アラビア文字アルファベットの種類（Macdonald 2000: 34)。

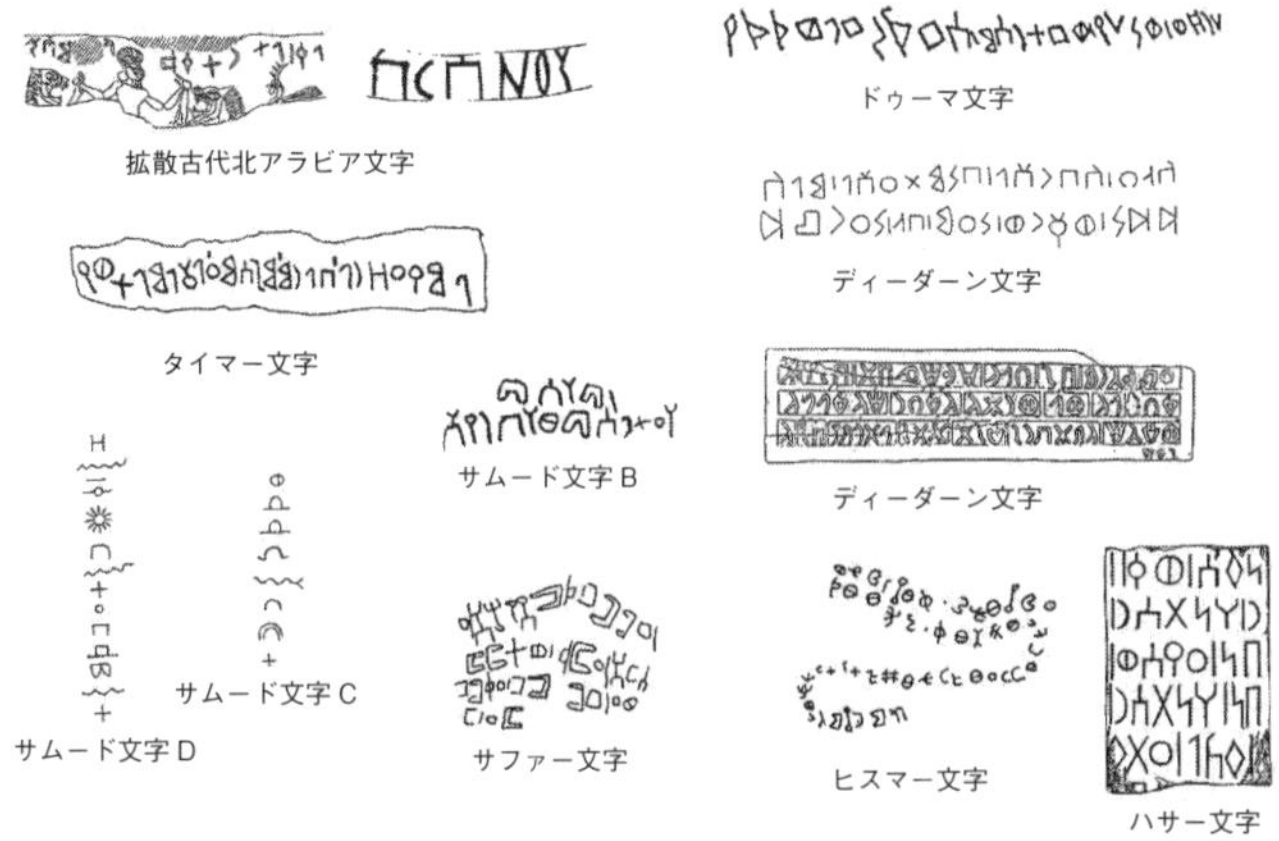

図Ⅰ－4　様々な古代北アラビア文字碑文（Macdonald 2008: 182）。

図Ⅰ－5　イエメンで発達した古代南アラビア文字の時代による書体の変化。古代南アラビア文字は美術的にも高度な発展を遂げ、初期イスラーム時代まで使われつづけた（Robin & Vögt: 55, 57, 122, 185, 191）。

図Ⅰ－7　古代南アラビア語碑文を解読したW・ゲゼニウス（Web⑤）。

図Ⅰ－6　探検家C・ニーブール（Web③）。

図Ⅰ－8　数多くの南アラビア文字碑文を記録したE・グラーザー（Daum: 15）。

図Ⅰ－9　タイマーのアラム文字が刻まれた奉献台（前5世紀）。前6世紀頃よりタイマーではアラム文字とアラム語が使用されるようになった（Calvet & Robin: 263）。

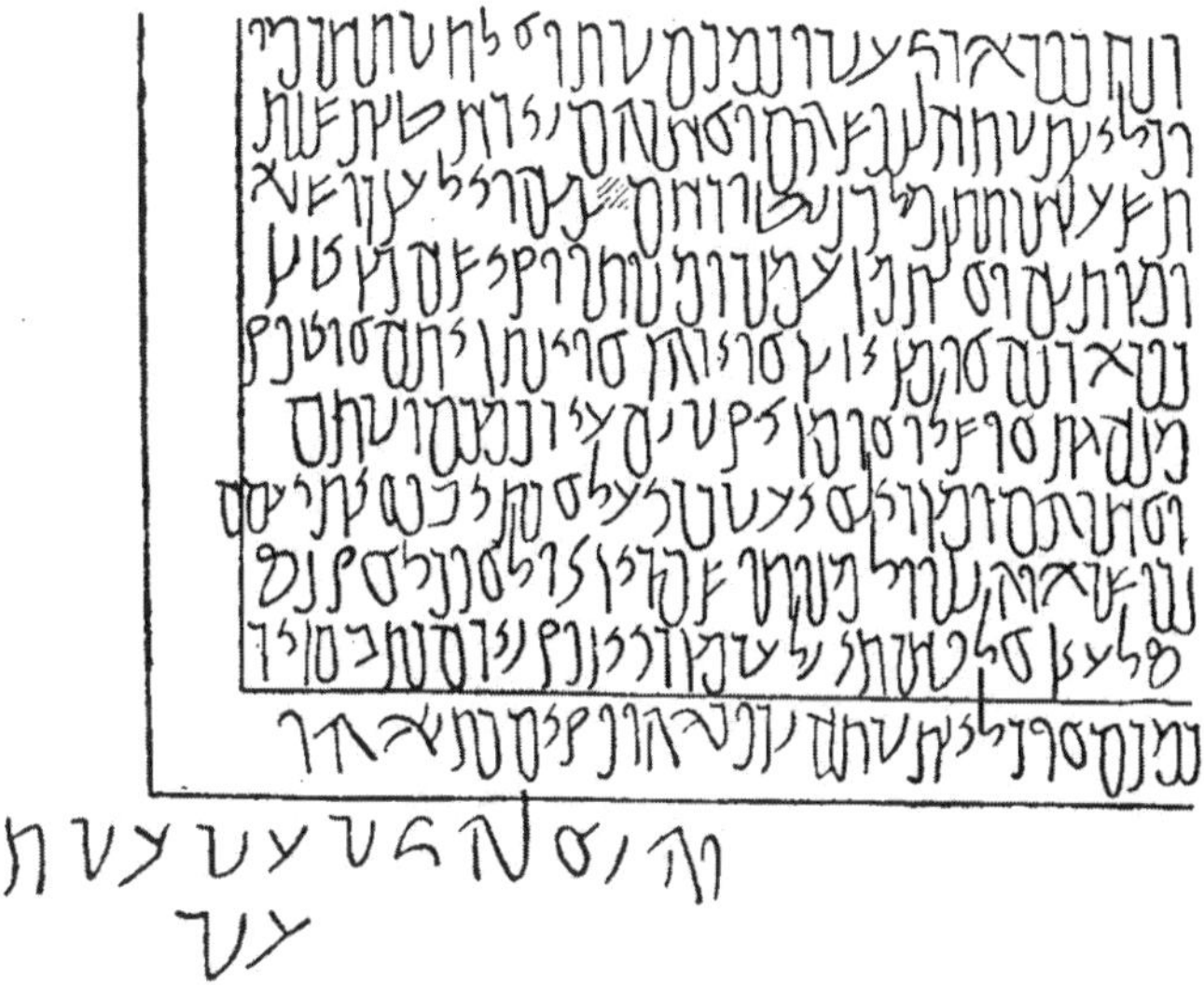

図Ⅰ－10 アラム文字から派生したナバテア文字で刻まれた墓誌（Cantineau: 26）。

初めてヨーロッパで知られ、解読研究が進められるようになった。そして一八四〇年代、ドイツ人の東洋学者W・ゲゼニウス（図I－7）と彼の弟子E・レディガーが、古代南アラビア文字碑文の解読に成功した。また、同じ頃からフランス人T・アルノー、そして一九世紀末には、ユダヤ系フランス人のセム語学者J・アレヴィーが、現地で彼の助手を務めたハイイム・ハブシューシュとともに多くの碑文を記録した。次いで、オーストリア人の探検家E・グラーザー（図I－8）も碑文の緻密な記録を行った。こういった資料の集積が、当時空白状態にあったアラビア古代史研究を飛躍的なスピードで埋めていったのである。そして、早くも一八九〇年には、初めての古代南アラビア語碑文集成の刊行が始まった。以降、古代南アラビア語碑文研究は、途切れることなく現在にいたるまで発展をつづけている。

南アラビアでは、イスラーム化によりアラビア文字が導入されるまでずっと南セム文字が使われつづけていた。一方、北西アラビアでは、前六世紀半ばの新バビロニアの支配とその後のアケメネス朝ペルシアの影響を受け、南セム文字に代わって西セム系のアラム文字とアラム語が使用されるようになった（図I－9）。タイマーをはじめとする北西アラビアの交易都市で見られるアラム語は、前五三九年に新バビロニアを滅ぼして版図を広げたアケメネス朝ペルシアの国際語である帝国アラム語に分類される。前三三〇年のアケメネス朝ペルシアの滅亡後もアラム文字・アラム語は使われ続けるが、次第に北西アラビア特有の書体が生まれ、言語に

図Ⅰ－11　探検家J・L・ブルクハルト。イスラーム法学者イブラーヒーム・ビン・アブドゥッラーとしてアラビア探検を行い、西欧人として初めてペトラを発見した（Web④）。

図Ⅰ－12　A・ジョサンとR・サヴィニャックはヒジャーズ地方において初めて本格的な考古学的調査を行い、多くの碑文・考古学資料を記録した（Al-Ghabban: 44）。

もアラビア語的特徴が混じるようになった。ナバテア人はアラブではあるが、公式な言語としてはアラム語を使用し、アラム文字から変化した独自のナバテア文字を使用した（図I－10）。前一世紀よりナバテアの版図拡大とともにナバテア文字が広まるが、都市を離れた地域ではなお、南セム文字が使用され続けた。

ヨーロッパにおいて、このような北西アラビアの古代碑文や考古遺物への関心が高まったのは、一九世紀初頭のスイス人J・L・ブルクハルト（図I－11）、同世紀末のイギリス人C・ダウティー、フランス人C・ユベールらのアラビア探検の報告によるところが大きい。彼らに次いで、ドイツの東洋学者J・オイティング、二〇世紀初頭にはドミニコ会の二神父、A・ジョサンとR・サヴィニャックが碑文・考古学的調査を目的にヒジャーズ地方を探検し、多くの碑文史料を記録した（図I－12）。

このように、アラビア半島の碑文研究の歴史は長く、現在明らかにされている前八世紀以降の古代アラビア史の編年の基は、その成果をもって構築されたものである。とくに南アラビア文字碑文については、J・ピレンヌ、H・ヴィスマンらによりパレオグラフィーの手法を用いた編年研究が進められた。これは相対年代の指標となる統治者や重要人物の名前を含む碑文に使われている文字の書体を研究して相対編年を構築し、それを基に年代特定の手がかりを含まない碑文のおおよその年代を書体から推定する手法である。二世紀以降になると碑文に暦が記されるようになるので、絶対年代と結びつけることが可能となるが、それ以前の時代に関しては、年代の明らかなアッシリアの碑文史料中で言及されている南アラビアの統治者名を基に絶対年代が推測された。

書体からの年代推定はあくまでも大体の目安を与えてくれるものでしかないが、発掘調査がほとんど行われていなかった状況においては、碑文の文字の書体が南アラビア古代史の年代を知る唯一の手がかりであった。考古学的発掘調査が行われるようになった現在は、これに加え、層位学的発掘に基づいた相対編年と遺物の放射性炭素年代測定法が併用される。しかし、今なお古代南アラビアの年代決定には困難が多く、場合によっては一世紀余りの誤差が存在する可能性を念頭に置く必要がある。

アラビアの都市遺跡から出土する碑文には、神への奉献碑文（奉納者名、神名、奉納物の種類、奉献の理由、祈願の言葉から成る定型の碑文）や墓碑が多く、そこから信仰されていた神々の名前や宗教儀式・慣習についてある程度の状況がわかる。また、都市を離れた砂漠の岩山には、旅人や遊牧民による無数のグラフィートが残され、中には動物や人物を描いた岩絵を伴うものもある。このようなテクストは非常に短く、刻者の名前が刻まれているだけの場合もある。簡素なテクストや人名であっても、当時の信仰されていた神についてわずかながら窺い知ることができる。

⑥ギリシア・ローマ古典史料

古代アラビアの宗教に関する記述のあるギリシア・ローマ古典史料には、ヘロドトス(前五世紀)の『歴史』、テオフラストス(前三七一～前二八七年)の『植物誌』、ストラボン(前六三／六四～後二四年)の『地誌』、プリニウスの(後二三～七九年)『博物誌』等が挙げられる。これらは、部分的には同時代史料といえるものではあるが、アラビアに関する記述についてはいずれも実見したことに基づいているわけではなく、当時の他の著作や旅人が見聞きしてきたことが基になっているため、同時代のアラビアを知るための情報としては玉石混交である。ただし、ストラボンによる前二六～前二五年のローマ帝国のアラビア遠征に関する記述は、彼の友人で遠征を率いたエジプト総督アエリウス・ガルスからの直接の情報によるものとされ、比較的信頼できる。

⑦その他の周辺諸国による記録

周辺諸国による記録は、初期の時代に関しては、メソポタミアを拠点にアッシリアとバビロニアによって残された楔形文字粘土板文書、またアラビア半島にキリスト教が伝播した四世紀以降については、古代シリア語の記録が存在する。前者については、戦争や朝貢国に関する記載の中にアラブに関する記述があり、彼らの崇拝する神などが挙げられている。

本書では、イスラーム以前のアラビア半島の宗教に関する上記の①～⑦の情報源のうち、主に④考古学的資料、⑤アラビア半島の碑文史料研究の成果を軸に、イスラーム以前のアラビア半島の宗教を地域別に概観するが、その他の資料についても適宜言及する。

2 アラビア半島とアラブ

本題に入る前に、アラビア半島の地理的概要とそこに住む「アラブ」という民族集団について述べておきたい（地図1）。

アラビア半島は、アフリカ大陸の北東に近接するユーラシア大陸の半島で、西は紅海、南西はアデン湾、南東はインド洋のアラビア海、北東はアラビア（ペルシア）湾に囲まれている。メソポタミア、インド、ペルシア、東アフリカの狭間にあり、それぞれの文明との交流があった。

アラビア半島の地形を見てみると、紅海に沿って南北に山脈がそびえ、南へ行くに従い高度を増し、標高三六〇〇メートルにも及ぶ。南部の山々には緑の森林が生い茂る。

南西アラビア（現在のイエメン）の高地は、インド洋からの季節風を受け、温暖湿潤気候で、ズファール地方（現在のオマーン南西部）にかけての海岸平野部も降雨に恵まれ、乳香などの香料樹がよく生育する。南西アラビアでは、このような恵まれた気候を利用した農耕が古くから盛んであった。

一方、内陸の大部分は砂漠で、南部はルブウ・アルハーリー(「空虚な四分の一」)と呼ばれる大砂漠が占め、半島内陸中央から北部にわたってダフナ砂漠、ナフド砂漠が広がる。気候は高温かつ非常に乾燥している。人々は遊牧のほか、オアシス部では農耕を営む。アラビア半島は広いが、南西部を除いて、人間の居住可能な土地はほんのわずかである。

さて、このアラビアとは、「アラブの土地」を意味する古典ギリシア語起源の地域名である。このことから、古代よりアラビア半島がアラブ人の土地として西欧世界で認識されていたことがわかる。次に、この「アラブ」という言葉について説明しておきたい。

古典アラビア語における「アラブ」とは、「アラビア語を話す人々」を指し、これはペルシア人、ローマ人、トルコ人、中国人といった他の言語を話すエスニック・グループを指す「アジャム」の対義語である。この定義はすでに一三世紀に編纂されたアラビア語の大辞典『リサーン・アルアラブ』(『アラブの言語』)に登場し、さらに時代を遡ると、預言者ムハンマドの最後のマッカ巡礼での説教においても、この言葉がそのような意味で使われている。現在も「アラブ」の第一義は「アラビア語を母語とする人々」である。

「アラブ」という言葉が歴史上初めて現れるのは、彼らに接したアッシリアなどの大国による記録である。最も古いものは、アッシリア王シャルマナセル三世による前八五三年の戦勝碑

図Ｉ－13　アッシリアのティグラト・ピレセル三世の遠征軍の捕虜となって連行されるアラブの女性を描いたレリーフ（大英博物館蔵、Al-Ghabban: 73)。

文で、彼が制したシリアの支配者の一人に「千頭のラクダを伴ったアラブの王ギンディブ」の名が見られる。また同じくアッシリアの前七三八年の記録には、アラブの女王ザビベがティグラト・ピレセル三世に朝貢したことが記され、同王の前七三二年の記録では、アラブの女王シャムシを制し、「彼女の民九千四百人、幕屋の千人、三万頭のラクダ、二万頭の家畜、さらには五千袋のさまざまな香料」を手に入れたことが記述され、その様子がレリーフとともに残されている（図Ｉ－13）。さらに、サルゴン二世（在位前七二一～前七〇五年）の頃には、アラブ諸部族にアッシリアとエジプトを結ぶ通商路の保護監督を託すようになった。つづく前七世紀にはアッシリアとバビロニアの反乱分子の間で長期にわたる戦争が起こるが、北西アラビアのタイマーを拠点としていたケダルと呼ばれるアラブ達はバビロニア側に与し、その結果、惨憺たる敗北を蒙った。

また、旧約聖書においても、ソロモン王（治世は前一〇世紀半ばであるが、王に関する記述を含む『歴代誌』の編纂時期は前四〜前三世紀頃）にすべてのアラブの王と支配者たちが金銀を貢いだこと（『歴代誌下』九・一四）、イスラエルのウジヤ王（在位前七八一〜前七四〇年）が「グル・バアルに住むアラブ」を服従させたこと（同二六・七）が記されている。

以上挙げた前八世紀の史料では、大国の境界近辺のアラブのみについて記されており、まだアラビア半島内部のアラブに関しては知る由もないが、少なくとも「アラブ」がアラビア半島周辺部の遊牧民諸族を指し、また、南アラビアからのものであろう大量の香料を運んでいることから、この時期、彼らがアラビア半島の陸上交易によって着々と勢力を伸ばしていたことがわかる。

その後の新バビロニア時代になると、アラビアとの直接的関わりが増すので、アラブ諸族とともに、多くの北西アラビアのオアシス都市が言及されるようになる。

北西アラビアに残された碑文史料から察するかぎり、こういった「アラブ」諸族は、現在のアラビア語の祖である古代北アラビア語を話していたと考えられる。

その一方で、アラビア半島には彼らとは別系統のアラブ達もいた。紀元前二千年紀末にラクダの運搬動物としての家畜化が始まると、香料産地である南西アラビアは、その恵まれた気候を利用した農耕に加え香料交易・中継貿易によって潤い、高度な文明が発達した。前八世紀にはサバア、マイーンといった国が興り、以降、南セム文字の一派である古代南アラビア文字による碑文が数多く残されるようになる。これによって表された言語は、前述の古代北アラビア語とは系統を異にする古代南アラビア語である。また、南アラビアの碑文の中で北アラビア系の諸族を「アラブ」と呼んで南アラビアの諸部族と区別していることから、彼ら自身は自分たちを「アラブ」と認識していなかったということが明白である。

しかし、一世紀以降、南アラビア文字の碑文においても、北アラビア語的な特徴が目立つようになる。北アラビア語と南アラビア語の文法的違いはわずかなもので、主な相違点は北アラビア語では冠詞が存在するのに対し、南アラビア語では限定、非限定等の違いを語尾変化によって区別するという点である。この時期になると、碑文に見られる人名に北アラビア系の名前が増加し、一見、古代南アラビア語のように文を整えつつも、本質的には北アラビア語である「偽サバア語」の碑文が現れる。さらには、七世紀以降のイスラーム化とともに、アラビア文字が使用され、クルアーンに用いられたアラビア語がイスラーム公式の言語として使われるようになるのだが、その一方で現在も、ソコトラ島やハドラマウトには、口語として南アラビア語が残存している地域がある。

このように、古代のアラビア半島には、大きく分けて、北アラビア語に属する言葉を用いる遊牧生活を営む人々と、南アラビアに定住し主に農耕を営む南アラビア語に属する言葉を使用する人々の二系統のアラブが存在した。しかしながら、使用されていた言語を知ることができるのは、文字記録が存在する場合に限定されることを忘れてはならない。

文字の出現以前のアラビア半島に存在した人々がアラブではなかった可能性は十分に考えられる。しかも、アラビア半島における歴史（有文字）時代の幕開けは他の中近東の文明の中心地に比べると遥かに遅く、前一千年紀初頭である。実際、次章で述べるアラビア半島の青銅器時代（前一二〇〇年頃まで）の文化の特徴は、文字の出現する鉄器時代の文化とは大きく異なるので、言語系統も異なる人々によるものである可能性も否定できない。

3　アラビア半島で確認される最も古い宗教――青銅器時代まで――

アラビア半島に人類が住みはじめたのはおよそ一〇〇万年前、旧石器時代初期のことである。アフリカのオルドヴァイ渓谷（タンザニア）からホモ・エレクトゥスが北上し、二つのグループに分かれてアラビア半島に入った。第一のグループは、エチオピア経由でバーブ・アルマンダブ海峡を渡って南西アラビアに上陸し、第二のグループはさらにアフリカ大陸を北上し、シ

地図1　アラビア半島地図

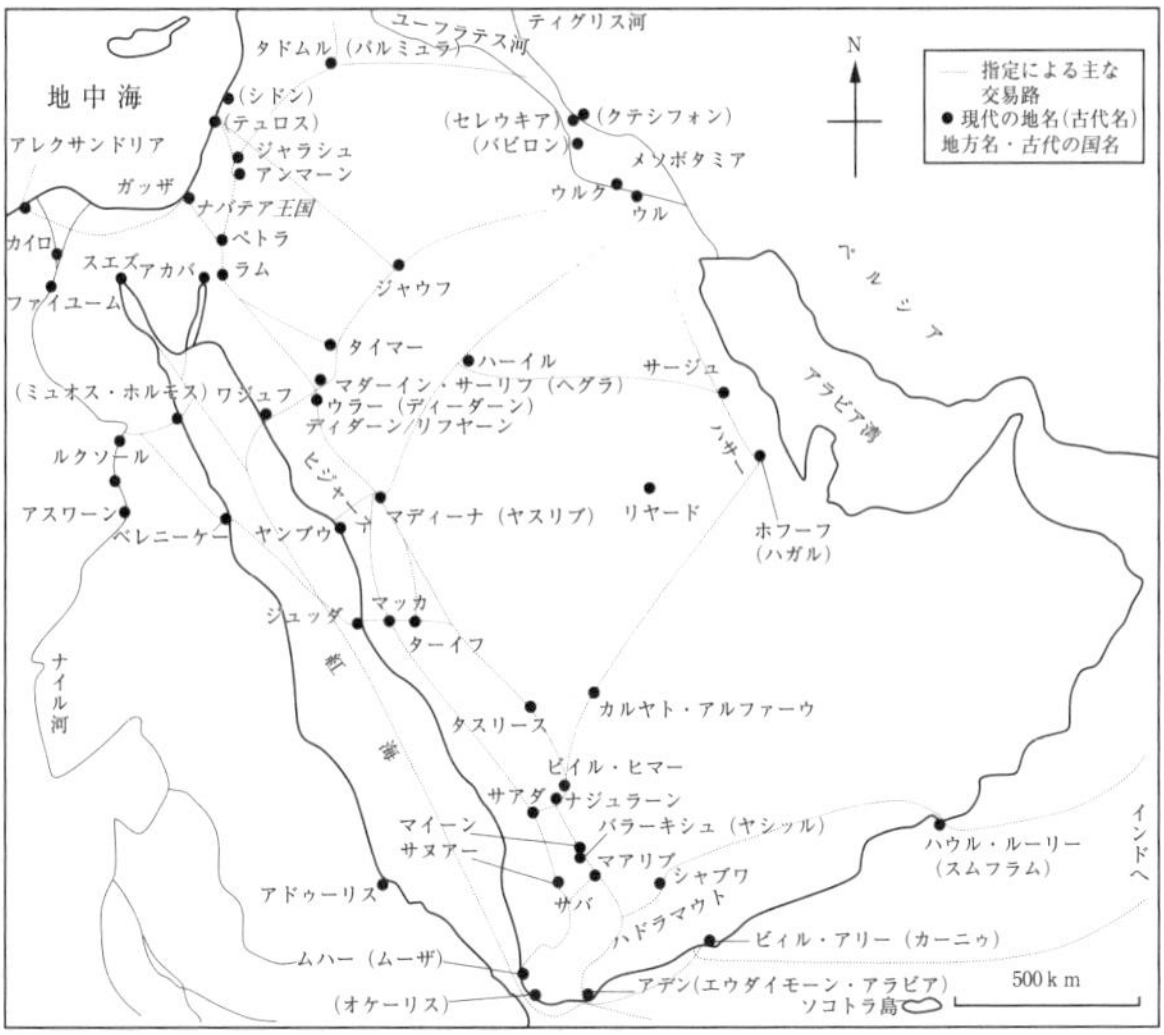

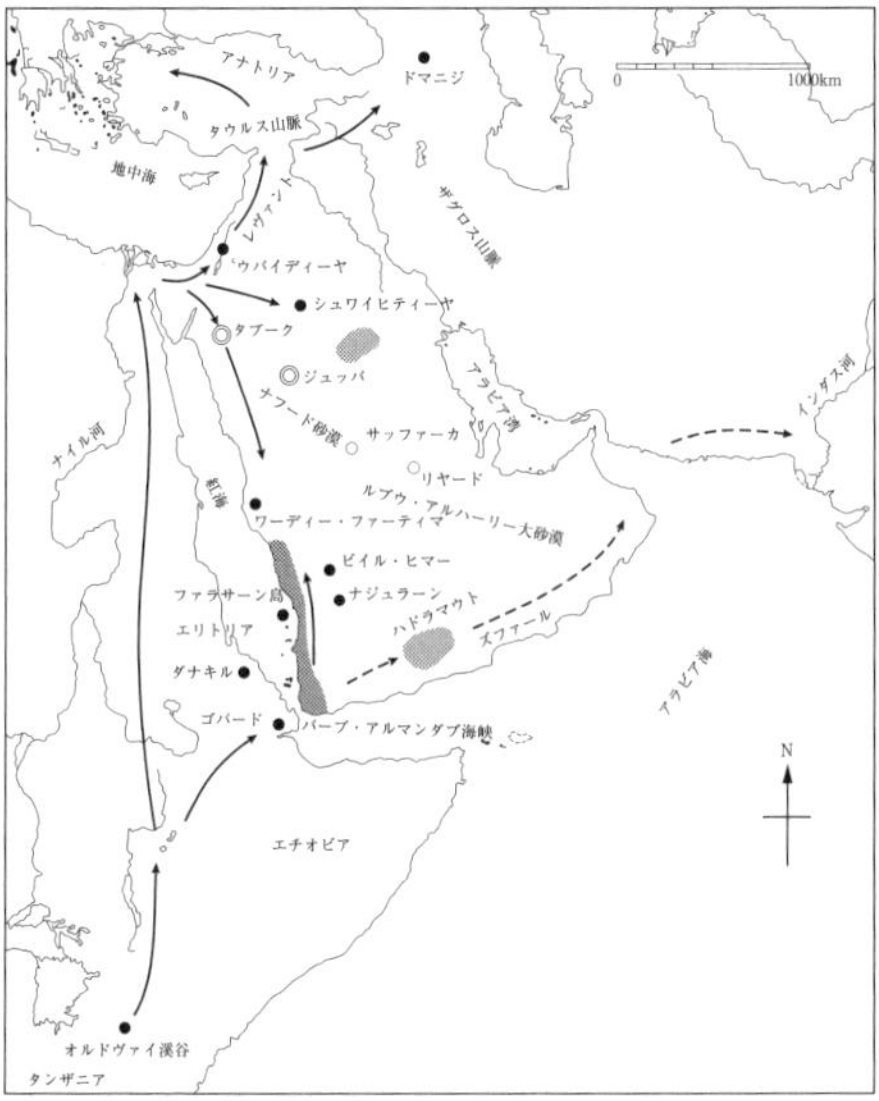

地図2　旧石器時代のアラビア半島　タンザニアを出発したホモ・エレクトゥスの第一のグループは、バーブ・アルマンダブ海峡を渡って南西アラビアに上陸し、第二のグループはアフリカ大陸を北上してシナイ半島経由でアラビア半島に移住した（Al-Ghabban: 143, fig. 4を基に作成）。

地図3　アラビア半島の岩絵サイト（Abdul Nayeem: 37を基に作成）

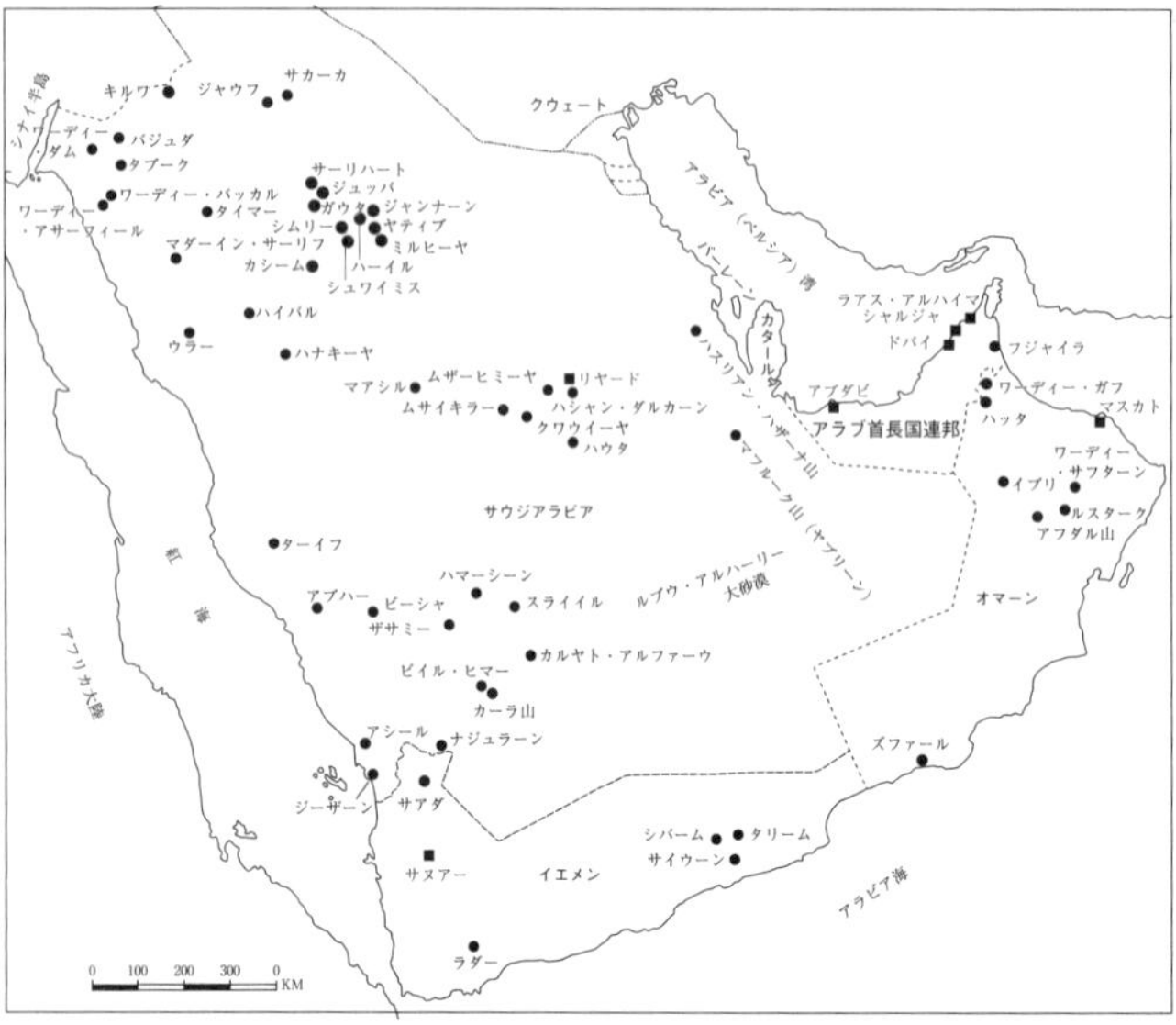

ナイ半島を経由して陸路でアラビア半島に移住した。前者はサウジアラビア南西部のビイル・ヒマー、後者は北部のシュワイヒティーヤなどに石器を残している。その後、前期旧石器時代（アシュレアン期）、中期旧石器時代（ムステリアン期）の間に、ヒジャーズのワーディー・ファーティマ、リヤード近辺にも狩猟採集民が居住するようになった（地図2）。

およそ前一万年前、新石器時代に入ると、人々は上質の石器だけでなく、たくさんの岩絵を残すようになる。岩絵は岩壁碑文とともにアラビア半島のいたるところで見られるが、概して文字出現以前の岩絵の芸術性は高い。主な岩絵遺跡としては、サウジアラビア北部ハーイル近郊のジュッバ

図Ⅰ−14

図Ⅰ−14
アラビア半島の先史時代の岩絵。fの下部は前1千年紀半ば頃の刻文（Anati 1968: 40, 52, 113, 116, 135, Anati 2003: 248, Abdul Nayeem: 228）。

図Ⅰ－15　南西アラビア（ビイル・ヒマー）の石塚型墳墓。山の稜線に展開する青銅器時代の石塚型（蜂の巣型とも呼ばれる）墳墓は、南西アラビア、オマーン、シナイ半島、ヨルダン南部に広く分布する。

とシュワイミス、タブーク近郊、前述のビイル・ヒマー、イエメン北部がある（地図3）。岩絵には踊る人々、槍や弓を持つ人々、男女（男神・女神？）、ウシ、ダチョウ、ヤギ・ヒツジ、人間の手足をかたどったものなどが描かれ、彼らの宗教観を反映している。とりわけウシはのびのびと大きく描かれ、実にダイナミックである（図Ⅰ－14）。エジプトやカナアン、メソポタミアなどにおいて、ウシは豊穣の象徴であり、時には崇拝の対象でもあったので、この地域においても、当時、ウシは生活に欠かせない動物であると同時に、特定の神のシンボルあるいはそれ自身が聖なる存在とされていたのかもしれない。なお、前一千年紀後半の南西アラビアの神殿と墓域において

図Ｉ－16　オマーンの石塚型墳墓（Doe: Plate 9b）。

図Ｉ－17　シナイ半島の石塚型墳墓。ナワーミースと呼ばれる。

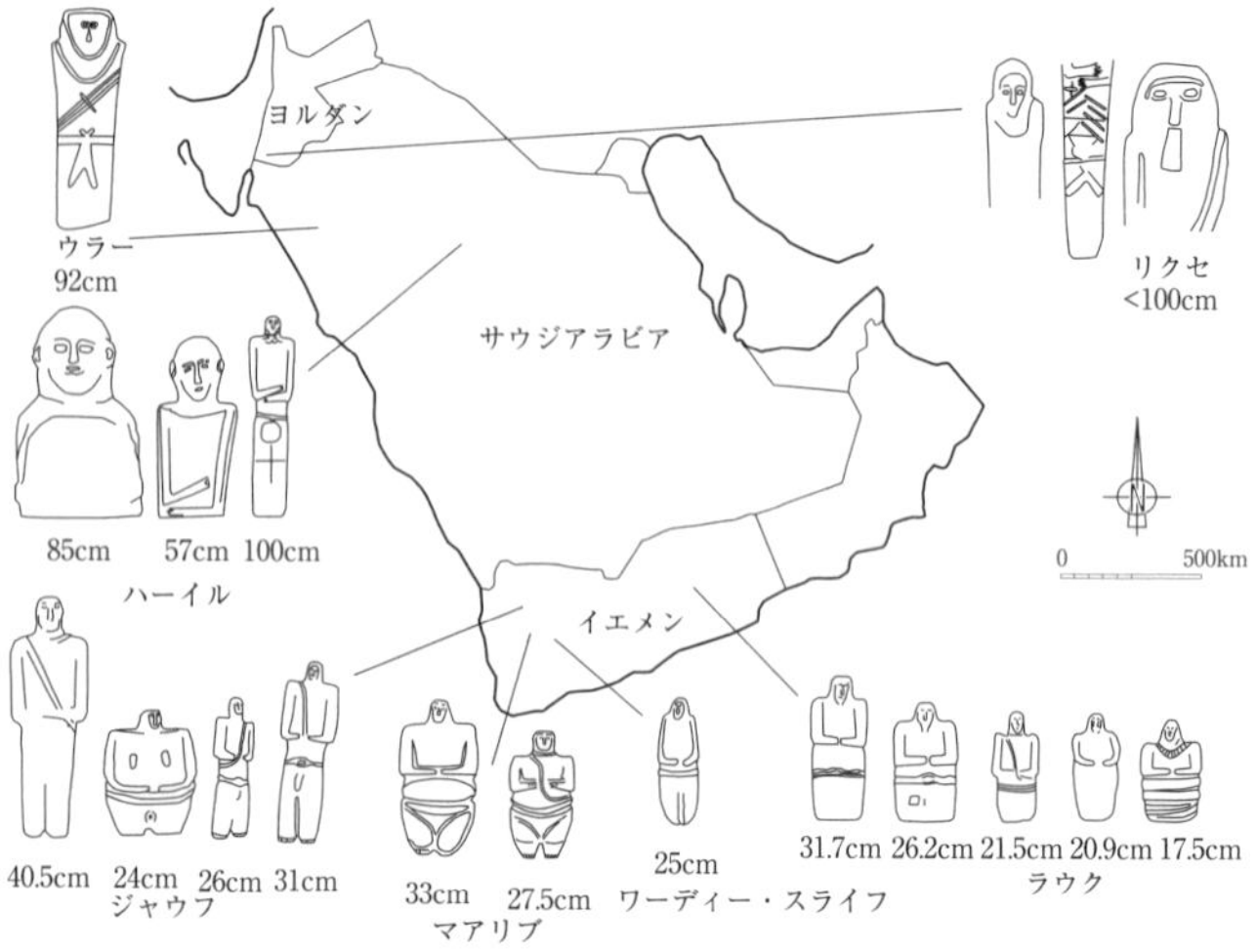

地図４　アラビア半島の青銅器時代の石製人物像の分布（Al-Ghabban: 167, fig. 2を基に作成）

も多くのウシの像が発見されている（図Ⅱ－52、53）。

ちなみに、文字以前の時代の岩絵の題材の多くがウシであるのに対し、古代北アラビア文字碑文に伴って描かれることが多いのはラクダ、イスラーム時代以降のアラビア文字碑文に伴ってよく見られるのはウマであり、気候の変化やそれぞれの時代にどのような動物が重んじられていたのかを窺い知ることができる。

前四千年紀末、アラビア半島に青銅器時代が訪れ、前三千年紀前半には南アラビアで灌漑農耕が始まった。新石器時代よりメソポタミア文明の強い影響下で、インダス文明とも交流のあったアラビア（ペルシア）湾岸地域を除き、アラビア半島の青

図Ⅰ－18

図Ⅰ－20

図Ⅰ－19

図Ⅰ－18、19、20　アラビア半島各地の青銅器時代の石製の人物像
（18 Robin & Vögt: 34、19 Al-Ghabban: 169、20 ibid.: 168）。

銅器文化は、半島南北を問わず各地で非常に類似している。この時代に特有の山の稜線に展開する高さ二メートルほどの石塚は、南西アラビア、オマーン、シナイ半島、ヨルダン南部に広く分布する（図I－15～17）。また、ヨルダン南部のリクセ、北西アラビアのウラーとハーイル、イエメンのジャウフ地方、マアリブ、ラウクなどでは、地理的にかなりの隔たりがあるにもかかわらず、非常に似通った石製の人物像が発見されている（図I－18～20、地図4）。リクセでは、露天の円形の聖所の周囲に立てられた約五〇もの人物を模したステラが発見された。一方で、イエメンのラウクで発見されたステラは、埋葬地および聖所から出土した。墓で発見されたものは、墓石近くの遺体の傍らに埋められており、ステラの形状は類似していても、地域により使われ方は異なっていた可能性がある。また、イエメンのものは、高さ二、三〇センチメートルほどに集中しているのに対し、北西アラビアでは一メートル近いものが多い。また、同様の人物像が岩壁に描かれていることもある。

その他、イエメンのアデンの北方二五キロメートルのサブルにある青銅器時代の居住地の遺跡では、祭器と考えられる特殊な形状の土器が発見されている。中には香炉として使われたと推測されるものもあり（図I－21）、香を焚く習慣がこの時期にすでに始まっていたことが示唆される。また、この遺跡では、居住域とは壁で隔てられた聖域とみなされる泥レンガの遺構群が発見された。ほぼ正方形の列柱式の遺構には、三本の木の柱で支えられた柱廊があり、そ

図Ｉ－21　青銅器時代の特殊な形状の土器。香炉として使用された可能性がある（Robin & Vögt: 45）。

こから至聖所と考えられる壇上へと導く階段が設置されている。

現段階では発掘例も少ないため、アラビア半島に広く分布する青銅器時代の宗教や葬送にまつわる慣習ははっきりしない。しかし、石塚や人物をかたどったステラなど宗教遺物に見られる類似性は、前四千年紀末に始まるアラビア半島各地の青銅器時代の宗教文化が、互いに遠く離れているにもかかわらず、何らかのつながりを持っていた、あるいは同一起源であったということを示唆している。

上記のアラビア半島の青銅器文化は、前一二〇〇年頃から前一千年紀のはじめにかけて姿を消し、それに代わって、前一千年紀初頭、まったく系統の異なる鉄器文化が出現する。次章からは、前一千年紀以降のアラビア半島における宗教文化を、地域別に詳述してゆく。

II

古代南アラビアの宗教

前二千年紀にラクダが運搬動物として使われるようになると、アラビア半島の隊商路が発達し、南アラビアは香料産地として重要な役割を果たすようになった。交易路伝いにカナアン地方よりアルファベットが伝播し、前一千年紀前半には南アラビア独自の文明を持つ国々が生まれ、灌漑農耕を営みつつ、インド洋世界への門戸として、陸・海上交易の拠点となって繁栄した。南アラビアの諸都市では、荘厳な多神教の神殿が数多く建設され、人々は願掛け、感謝のために像やさまざまな品々を神々に奉献していた。本章では、比較的豊富な碑文史料と考古学的資料を通して、多神教時代の南アラビアを概観する。

マアリブのアッワーム神殿出土のマアドカリブ像（高さ93cm、ライオンの革を身に纏っている。古代南アラビアの古い時期の碑文の特徴である耕牛書法（ブストロフェドン）がとられている（サヌアー国立博物館所蔵）（Robin & Vögt: 88）。

南アラビアは、その恵まれた気候と産物からギリシア・ローマ古典史料で「幸福のアラビア」（アラビア・フェリックス）の名で知られていた。前一千年紀前半に成立した南西アラビアの諸王国に古代世界に名だたる富をもたらしたのは、乳香と没薬をはじめとする香料とその隊商交易である。この二つの香料は、キリストの生誕に際して東方三博士が金とともに持ち寄った贈り物としても知られているが、それらは神に捧げる薫香として、これより遥かに古い時代より中近東・地中海世界の宗教儀式に欠かせないものであった（図Ⅱ－1）。

乳香に代表される樹脂香料を用いた薫香の習慣は、古くは初期青銅器時代のオマーンにまで遡ることができる。後期青銅器時代のエーゲ海においてもアラビア産の樹脂香料が用いられていたし、エジプトでも古王国時代にはすでに宗教儀式において香料が使用されていた。エジプトの王たちにとって、これらの香料の直接取引はまさに夢であった。すでに古王国時代より南アラビアの対岸の香料産地プント（ソマリア）への遠征が行われていた。最も大規模な遠征は、新王国時代、第一八王朝のハトシェプスト女王（在位前一四七九～前一四五八年在位）が行ったものである。征服もしくは恒常的な交易関係を築くにはいたらなかったものの、遠征隊は香料樹をはじめ動物、象牙などさまざまな品を持ち帰った（図Ⅱ－2）。その後のアレクサンドロス大王のアラビア周航計画（前四世紀後半）も、ローマ帝国のアラビア遠征（前二六～前二五年）も皆、香料産地の征服が目当てであった。

図Ⅱ－1　アモン神のための香をくべるハトシェプスト女王。右は彼女自身の姿を現した守護神像（ルクソール、カルナック神殿）（Manniche: 53）。

香料産地に関するヘロドトスの記述は実に現実味のないものであるが、それがまことしやかに信じられていたくらい、ギリシアでは香料が特別視されていたのである。また、乳香・没薬以外に、東南アジア産のカッシア、シナモン（肉桂）なども、南アラビア経由で入ってくるため、ローマ時代以前はまだアラビアの産物と信じられていた。

「次に南方では、人類の住む最末端はアラビアで、乳香、没薬、カシア、シナモン、レダノンの生育するのは世界でこの地域のみである。没薬を除いてすべてのこれら香料の採取には、アラビア人は容易ならぬ苦労をする。アラビア人は乳香を採取するのに、フェニキア人がギリシアへ輸出しているステュラクス香を焚く。乳香を採るのにステュラクスを焚くというのはなぜかといえば、乳香を産する樹はそのどの株にも、形は小さいが色

図Ⅱ－2　プント遠征で香料樹をエジプトに持ち帰る様子（ハトシェプスト葬祭殿）（Manniche: 37）。

図Ⅱ－3　乳香樹を削るとそこから乳白色の樹液が滲み出してくる。これが固まると透明な黄金色になる（中易誠子氏撮影）。

図Ⅱ－4　収穫した乳香の樹液を乾燥させる（Pisani & Bennouna: 87）

地図5　乳香と没薬の生育地（Simpson: 89, fig. 29を基に作成）

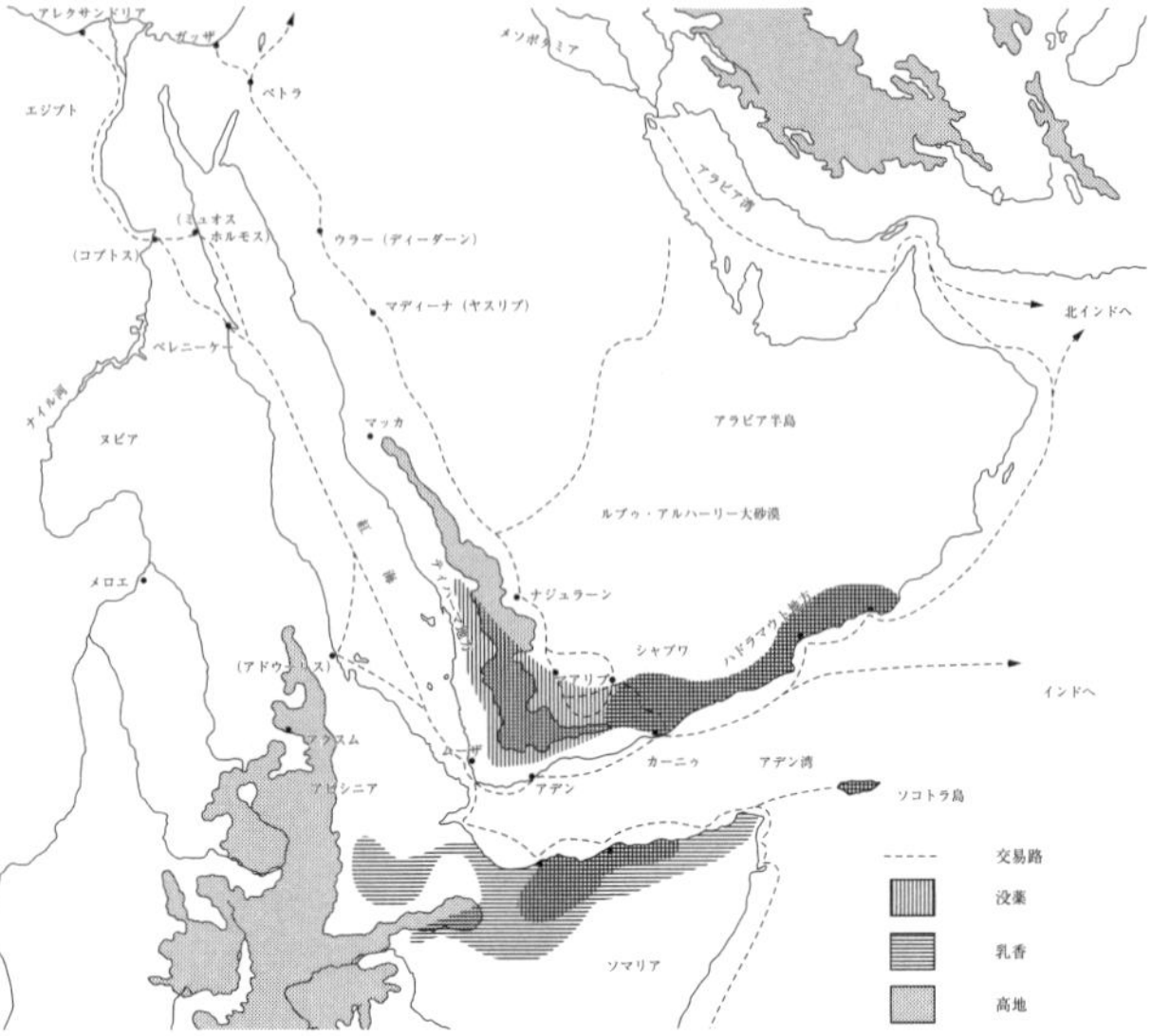

はとりどりの有翼の蛇が無数に群がってこれを守っているからで、これはエジプトを襲う蛇と同類のものであるが、これを樹から追い払うにはステュラクスの煙をもってする以外に方法がないのである。」（ヘロドトス『歴史』三・一〇七、松平千秋訳）

香料の中で神聖なものとして最も上位にあったものが乳香である（口絵1）。乳香樹（学名*Boswellia sacra*等）は、南西アラビアのアデン湾からアラビア海に面するハドラマウト地方と、対岸のソマリアのアデン湾に面する沿岸部でのみ生育する（地図5）。その樹液を採取して乾燥させたものが、香として用いられる（図Ⅱ－3、4、口絵2）。その香りは清潔感のある爽やかさが特徴である。古代南アラビアにおいて香料の収穫は年二回、春（ダスゥdath’）と秋（ハルフkharfあるいはハリーフkharif）に行われた。プリニウスの記録している香料に関する記述によると、古代南アラビア語の季節名に因み、春の収穫はダティアトゥム、秋の収穫はカルフィアトゥムと呼ばれていた。

乳香が南アラビアからエジプトの地中海の都市アレクサンドリアに到着して製品化される段階に至ると、大変な扱いを受けていたようだ。

「［乳香を商品化する工場の］工員のエプロンには封印が捺され、彼らはマスクをつけ、あるいは頭にめのつんだ網をかぶらなければならないし、構内を離れることが許される前には全裸にならなければならない。」（中野定雄他訳『プリニウスの博物誌』一二・三二）

同じくプリニウスがアレクサンドロス大王について残している逸話も興味深い。

「アレクサンドロス大王は少年のとき、祭壇に惜しみなく乳香を積み上げていた。彼の家庭教師のレオニデスは彼に、彼が乳香を生産する民族を征服したときに、そんなふうにして神々を礼拝したらよかろうと告げた。」（前掲『プリニウスの博物誌』一二・三二）

また、プリニウスは、乳香は神聖な香料として、ミナエイ族（マイーン人）の間では収穫の段階から特別に扱われていたという記述も残している。

「世襲財産としてこの香料を商う権利をもっている家は三、〇〇〇とはなく、したがってこれらの家の人々は清浄なものと呼ばれ、彼らが乳香を採取するために木に切込みを入れているときは、女性に会うとか、葬列に会うとかして汚されることは許されず、そしてこんなふうだから乳香の値段は宗教的堅苦しさのため高騰するのだという。」（前掲『プリニウスの博物誌』一二・三〇）

一方、没薬（ミルラ、学名*Commiphora myrrha*）は乳香よりは広い範囲で生育するが、やはり南西アラビアとソマリアとアビシニア（現在のエチオピア）の一部でしか育たない（地図5）。その名の由来をムッルmurr「苦い」という言葉にたどることができるように、味は苦く、乳香に比べて色が濃い（口絵3）。没薬は薫香としてよりも、他の香料に混ぜたり、薬品、食品添加物として使用されたりすることが多かった。また、古代エジプトでは、没薬はミイラづくりの薬品としても欠かせないため、大量の需要があった。没薬は、乳香のように神聖なものとして扱われたという記述はないが、供給の状態により価格の変動が激しく、時には良質の乳香の一〇倍くらいの値がつくこともあったようである。

さて、南アラビアの人々は長い間、これらの香料貿易の独占的権益を享受していたのであるが、それを可能にしたのは、前二千年紀末の「交通革命」ともいうべき出来事――ラクダの家畜化と運搬動物としての導入――である。ラクダは約二〇〇キロの荷を積んで一日約五〇キロ移動可能なうえ、たとえ水がなくとも数日歩き続けることができる（口絵5、6）。これを機に、アラビア半島の内陸の交易網がめざましく発展し、ラクダ運搬業を営むようになった遊牧民のアラブ達が国際的に活躍するようになるのである。これが前述した、アラブがアッシリアなどの史料に出現するようになった背景である。そして、このようなゆるぎない経済的基盤に支えられ、香料産地である南西アラビアのラムラト・アッサブアタイン砂漠を取り囲むような形で国家が誕生する（地図６）。このころまでに、陸上交易路を通してシナイ半島あるいはカナアンのセム人が使用していた初期アルファベットがアラビア半島に伝わり、南西アラビアの諸王国はそれを基に発達した独自の幾何学的書体を持つ古代南アラビア文字を公的な碑文に採用していた（図Ⅰ－５、図Ⅱ－５）。この文字はその後およそ一五〇〇年もの長い間、南アラビアで使われ続けることになる。

前八世紀半ば、南アラビアの碑文史料に初めて登場する国家は、マアリブを都とするサバアである。サバアはダムを用いた大規模な灌漑農耕（図Ⅱ－６）、没薬の産出、ならびに東アフリカ、東アラビア（オマーン）、メソポタミア、インド洋世界との海上貿易（銅の輸出、瀝青《れきせい》の輸入など）によって潤った。前八世紀末と前七世紀初頭にはサバアの統治者の名がアッシリアの碑文にも言及された。前一千年紀前半のサバアはサバア人の領域を超えて、多くの民族を支配し、その性質を「連邦」「帝国」に帰する研究者もいる。ちなみに、このサバアは旧約聖書（『列王記上』一〇）およびクルアーン（二七・一五－四四）に登場するソロモン王（クルアーンではスライマーン）を訪れたシェバ（クルアーンではサバア）の女王の出身地として知られるが、

図Ⅱ－6　マアリブのダム。

図Ⅱ－5　古代南アラビア文字アルファベット（Beeston et al.: 巻頭）。

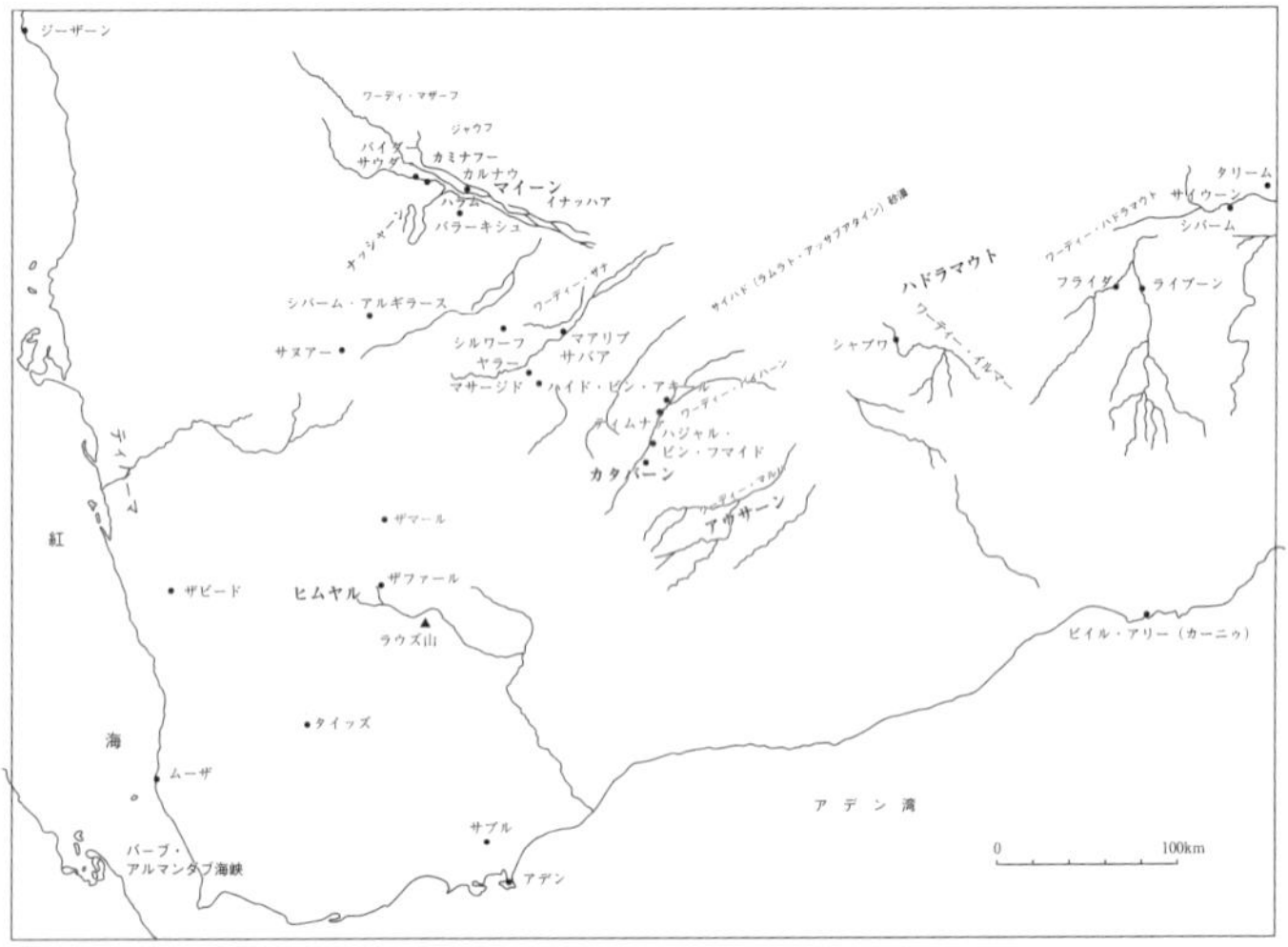

地図6　南アラビアの地図（Simpson: 52, fig. 13を基に作成）

南アラビアの碑文史料ではいかなる女王の存在も確認されていない。

次に現れる国家はバラーキシュ（古代名ヤシッル）を都とするマイーンである。サバアよりもさらに北のジャウフ地方（北西アラビアのジャウフ地方ではない）に位置するマイーンは隊商国家で、人々はラクダを飼育し、遠隔地交易に携っていた。マイーン人の足跡は北西アラビアにとどまらず、エジプト、地中海など、アラビア半島の外にまで及んでいる。

そのほか、サバアの東には比較的小規模なアウサーン、ティムナを都とするカタバーン、さらに東のハドラマウト地方にはシャブワを都とするハドラマウトが成立した。カタバーンは農耕と中継貿易、没薬の産出により、サバアに次いで南アラビアの覇権を握った大国である。ハドラマウトは乳香の産出とインド洋交易で大いに繁栄した。

ところが、前二世紀になると、南アラビアの情勢に大きな変化が起きる。エジプトのプトレマイオス朝が紅海の港を整備し、海上貿易が盛んになったことにより、隊商交易が下火になり、さらには気候の乾燥化にも見舞われて、ラムラト・アッサブアタイン砂漠を取り囲む南アラビアの諸王国が急激に衰退するのである。マイーンは前二世紀に一部はサバアに併合、一部はアラブの支配下に入って滅亡し、カタバーンは前一七五年にハドラマウトに併合されて消滅した。同時にヒムヤルを筆頭とするイエメンの肥沃な高地に住む部族たちが台頭した。二世紀にはサバアはヒムヤルに従属するものの、再び勢力を持ち直してこれと対立するが、三世紀末には滅亡する。その後二〇年ほどでヒムヤルはハドラマウトを併合し、さらには対岸のエチオピアからやってきて西の沿岸部（ティハーマ）を占拠していたアビシニア人を一掃することにも成功したようである。こうして、ザファールを都に、初めて南アラビアを統一する国家が誕生した。本章では、この頃までの南アラビアの宗教――多神教――について述べる。

1　古代南アラビアの神々

古代南アラビアの諸王国では、他の多くの古代国家と同様、宗教と政治・経済には密接な繋がりがあった。香料の収穫、税の徴収、建造物の建立、戦争、すべてが神にかかわり、いわば社会が「神」を介して動いていたといっても過言ではない。人々は主要なものからそうでないものまで多くの神の存在を信じ、崇拝していたが、最も重んじられていたのはそれぞれの国家の守護神であった。サバアの国家神はアルマカフ、マイーンのそれはワッド、カタバーンはアンム、ハドラマウトはサイーンであった。サイーンはかつてシンと母音化され、メソポタミアの月神シンとの関わりが指摘されていたが、プリニウスが「サイーン」としていること（ただし写本の誤りにより「サビーン」と書かれている。）、また古代南アラビア語の音韻学の観点からも読み方が改められ、シンとの関わりが否定された。

図Ⅱ−7　「ワッドは父である」と刻まれた木製の護符（Robin 1992a: Pl. 14b）。

国民は自らを神の子供、すなわち「アルマカフの子」のように呼ぶのが習わしであった。マイーン領内には、「ワッドは父である」という文句が建造物、奉献台などさまざまな場所に残されている（図Ⅱ−7）。

国家神の他、多くの神殿の主神として、部族にかかわらず広く信仰されていた神はアスタルである。通常、碑文にはアスタル・シャリカーン（東のアスタル）という形容辞を伴うことがあるので、明けの明星、金星とのかかわりが推測されてきた。また、アスタルは雷と雨の神とされ、性は異なるが、バビロニアのイシュタル女神との関係も示唆される。配偶神の存在は明らかではないが、奉献碑文の中では、女神シャムスの名がアスタルに併記されることが多い。シャムスは現在もアラビア語でそうであるように、「太陽」を意味する。また、カタバーンでアンム神とともに信仰されたアンバイ神は、その名前から、水星と関わりを持つメソポタミアの神ナブーとの関係が指摘されている。ハドラマウトのサイーンについては、テオフラストスが太陽神であると述べている。しかし、メソポタミアとは異なり、南アラビアでは神話がまったく残されておらず、神々と天体との関係は、名前や形容辞から推定されるのみで、それ以上のことは不明である。ただし、太陽と三日月の組合せは奉献台などに広く見られるモチーフであり（図Ⅱ－23、25、27、30）、天体と神々は何らかの関係を持っていたのであろう。

また、高地の諸部族の間では、タアラブ神が最も崇拝され、サヌアーの北のリヤームはその信仰の中心地であった。その他、サバアのハウバス、ザート・ヒムヤーム、ザート・バアダヌム、ナウサム、マイーンのヤシッルのナクラフ、マイーンよりさらに北方のハラム、カムナ、ナシャンといった小国で崇拝されたハルファーン、マタブナティヤーン、ヤダアスムフ、マダフウ、ナブアル、アランヤダア……さらに言及例が一、二例と少ない神々まで含めると、南アラビアで信仰された神の数はゆうに五〇を超える。神名の中には明らかにセム語系ではない言語系統不明の名前も数多く含まれている。

これらの神々について、直接の崇拝の対象となったと考えられる神像は発見されていない。ハドラマウト王国で鋳造されたコインの表面には男性像の隣にサイーン神の名が刻まれているが、はたしてこの人物像がサイーンを表しているものなのかは明らかではない（図Ⅱ－8）。これまでに行われた神殿の発掘調査では、人物や動物の像が数多く出土しているが、それらは単に奉納者名が刻まれた奉納物にすぎない。また、神殿で発見されるステラに関しても、像と同様、個人の奉献物としての性質が強い。ただし、これまでに唯一、二つの無装飾の石柱（ス

図Ⅱ－８　ハドラマウトの銀貨。表面にはワシ、裏面の男性の横顔の傍らの銘文には「サイーン」と鋳刻されている（Serjeant: 80）。

図Ⅱ－９　シャムスの名が刻まれているステラ。南アラビアでステラに神の名が刻まれている唯一の例である（Académie des Inscriptions 1986: 253）。

図Ⅱ－10　雄のアイベックス（*Capra ibex nubiana*）。古代のアラビア半島には数多く生息していたが、現在では絶滅危機動物である（Khalil & Aly: 裏表紙）。

図Ⅱ－11　アイベックスは神殿のレリーフや奉献碑文の装飾や奉献碑文に多用された（Robin & Vögt: 141）。

テラ）が浮き彫りにされたアラバスター製品が発見されており、その一つにシャムスの名が刻まれている例がある（図Ⅱ－９）。しかしこの例外を除いて、南アラビアでは聖石のようなものが発見された例はない。このステラの形状は後述するナバテアのステラに非常に類似しているので、紀元後初頭に南アラビアに現れはじめる北アラブ系の人々の影響によるものかもしれない。

通常、神が図像で描かれることがなかった一方、それぞれの神は特定のシンボルを有していた。マイーンのワッド神はヘビ、イエメン北方の隊商国家から中央アラビアにかけて信仰されていたズー・サマーウィーはラクダ、ハドラマウトのサイーンはワシ、サバアのアスタルとタアラブはアイベックス（図Ⅱ－10）をシンボルとし、それらは神殿のレリーフ装飾や奉献碑文の装飾に採用された（図Ⅱ－11）。また、カタバーンのアンムはウシである。しかし、アスタル神殿からもウシの表象が数多く見つかるなど、ワシ以外は祀られている神に制約されることなく神殿の装飾に用いられたようである。また、アルマカフは、はじめはウシを、ヘレニズム文化の到来後はブドウをシンボルとするようになり、ディオニソス信仰とのかかわりが示唆されている。

2　統治者の宗教的権限

古代エジプトおよびヘレニズム世界では王が神格化され、メソポタミアでは王は神の代理人とされた。多くの古代社会、さらには一部の近代国家にいたるまで、皇帝や王に絶大な宗教的権限が与えられていたが、南アラビアでは統治者が神格化されることはなく、新たな宗教を始めたり、新たな神をたてたりする権限も持たなかった。統治者は単に神々の僕の代表者という立場において、さまざまな宗教儀式を執り行った。また、信徒の最高責任者として、信徒が犯した罪の責任の一端を担うことすらあった。マイーンのヤシッルの神殿において奉献碑文が盗まれた際には、王がアスタル神に贖罪を行っている。このような神々の僕《しもべ》の長としての統治者の位置づけは、南アラビアのみならず、アラビア半島のその他の地域でも見ることができる。

サバアの支配者は、前八世紀~前五世紀頃までの初期の時代にムカッリブという称号を用いていたが、その後王(マリク)の称号が用いられるようになった。ムカッリブは王よりも権威のある称号で、一国の統治者であるにとどまらず、部族連合の長でもあった統治者だけに用いられる。後に誕生したその他の国々の統治者は通常「王」であったが、アウサーン、カタバーン、ハドラマウトでは一世紀頃まではムカッリブが使用された例が見られる。

神殿や墓では、王の名前の刻まれた像が発見されているが、これらには青銅あるいはアラバスターといった高価な素材が使用され、他の人物像に比べて精巧に造られている(図Ⅱ-12)。統治者が宗教上他の信者たちと異なっていた点は、彼ら特有の宗教儀式が存在したことである。

その一つである儀式的饗宴は、サバアにおいてムカッリブの時代より、統治者およびその息子といった統治者に非常に近い親族だけが執り行った儀式である。儀式は常にサバアの最高神アスタル神に対して、ラウズ山やシルワーフといった特定の場所で行われた。宴会場の遺構の

図Ⅱ−12　アウサーン王の名前の刻まれた像（Simpson: 66）。

なかで最も大規模なものは、ラウズ山の山頂付近の複合建造物である。そこでは野天の二つの宴会場に、長テーブルとベンチが交互に配列され、多くの人々が饗宴の席についていたと推定される。山頂にはタラフと呼ばれる聖域があり、そこを訪れることが許されたのは統治者だけであった。碑文史料には、饗宴の開催を記念して、タラフにおいてアスタル神のために火を使った犠牲の奉献、記念物の建立が行われたことが触れられている。

この饗宴は後述のプリニウスが言及した旅人のために行われた神殿での饗宴とは明らかに異なるもので、極めて政治的な意味合いの強い儀式であったと考えられる。儀式的饗宴は、部族連合の同盟の締結時、あるいは統治者が変わった際の同盟の再確認のために諸部族が集まって開催された。サバアは異なる文化的背景を持つ多数の部族による連合国家であり、それを維持するためには諸部族を精神的に統一する何かが必要とされた。サバアの統治者はそこに宗教を巧みに利用したのである。この饗宴の儀式も、またサバアの国家神アルマカフのためのマアリブ巡礼も、非常に政治的な色彩が濃い。

さて、統治者が行ったもう一つの儀式は、狩りである。王による祭儀的狩猟はメソポタミアでも行われ、アッシリアでは王の獅子狩りはレリーフなどに頻繁に描かれるモチーフの一つである。南アラビアでは、サバアではアスタル神、カタバーンでシャムス神のために狩猟が行われ、碑文には捕らえた獲物の数が刻まれている。その数は一〇から一〇〇〇と膨大で、誇張の可能性を加味しても、狩りがかなりの人数で行われたものと推測できる。狩りの儀式は、とくに雨乞いを目的としたものであった。王以外にも、神官が神のための狩りを行ったことを記した碑文が存在する。

狩りには掟があり、例えばリヤーム山（古名イトゥワ山）の岩壁に刻まれた碑文では、タアラブ神が信託によって、「狩猟者の一団（?）が子供を［はらんで］大きくなった雌アイベックスを網にかけること」「タアラブ神の獲物を待ち伏せすること」を禁じた旨が巡礼と犠牲獣に関するさまざまな掟とともに述べられている。獲物はウシ、ラクダ、チーター、ライオンなどであることもあったが、最も一般的であったのは、当時アラビア半島に数多く生息していたアイベックスである。ちなみに、狩猟者の一団が獲物を包囲する狩りの様子は、アラビア半島の砂漠の岩絵にも頻繁に見られる。これらの年代決定は困難であるが、なかには近代に描かれたとみられる新しいものも存在する。ハドラマウト地方では、現代もなお儀式的な狩猟が行われており、網を使用した狩猟も行われている（図Ⅱ－13）。

図Ⅱ－13　現代のハドラマウトで使用されている狩猟用の網（Serjeant: 76）。

3　神殿

古代南アラビアの都市において、最も重視された建造物が神殿である。神殿は都市の中に多数造られたが、城塞外の高台や山の上に建てられることも多かった。神殿は前八世紀以降から盛んに造られるようになり、いったん建立されると、通常何世紀にもわたって使われ続けた。南アラビアの都市における神殿の数の多さと都市の規模について、プリニウスは次のように述べている。

「……その［南アラビアの都市の］中でもっとも大きいのはナギアとトムナで、その後者には六五の寺院があり……」（中野定雄他訳『プリニウスの博物誌』六・三二）

「彼らの一地区はアトラミタエで、その首都サボタは城壁をめぐらし、六〇の寺院のある町

図Ⅱ－14　発掘調査中のカタバーンの都ティムナ（Philips: 197）。

だ」（前掲『プリニウスの博物誌』六・三二）

ナギアがどの都市を指しているのかは不明であるが、トムナはカタバーンの都ティムナ（図Ⅱ－14）、アトラミタエ（ハドラマウト）のサボタはその都シャブワに同定される。古代南アラビア語碑文では神殿それぞれに名前が付けられていたが、少なくとも七〇以上の神殿名が確認されている。都市から離れた場所にも神殿が造られた。

古代南アラビア語の碑文において、神殿はマフラムと呼ばれた。これは「禁じる」（ハラマ）という言葉に由来しているもので、すなわち清浄でない状態にある者には足を踏み入れることが禁じられた神聖な空間であることを示している。ちなみに、イスラームにおいても、マッカとマディーナの二大マスジドはハラム（聖域）

と呼ばれる。

また、それぞれの神殿に祀られた主神は、その神殿の主（バアル）と呼ばれていた。神殿にはラシャウあるいはシャウと呼ばれる複数の神官が存在し、カビール・ラシャウと呼ばれる彼らの長が取りまとめていた。女性の神官（ラシュワ）も存在した。神の信託はこれらの神官たちを通して信者に伝えられた。神殿には神の所有の家畜が飼育され、犠牲獣の奉納を含むさまざまな奉献の儀式が執り行われていた。また、神官は政治的役職を兼任することもあったので、政治とも結びついていたことがわかる。さらに、古代南アラビアの暦では、王などの統治者の即位年を元年とするのではなく、通常、年にはその年のカビールの名がつけられ、「何某の年」のように呼ばれていた。これに関連し、古代南アラビアの暦についてここで触れておくと、古代南アラビアは太陽暦で、一年は三〇日から成る一二の月によって構成されていた。毎年五日が追加されるか、あるいは六年に一度、追加の月が挿入されて日数が調整されたと考えられる。古代南アラビアは基本的には農耕社会であったため、季節と月がずれてゆくことのない太陽暦が利便性の面で適していた。月の名は、神の名に由来するものの他、「禁欲月」「奉納月」など宗教儀式に由来するもの、「種蒔き月」「秋の収穫月」など農耕に関わるもの、その他地名に由来するものなどがあるが、南アラビアの中でも、月名は国や時代によって異なる。

さて、神殿は宗教的儀式の場であると同時に、大きな政治的役割を担っていた。サバアは新たに都市を征服すると、そこにアルマカフの神殿を建立することによってその統治権を明確にした。すなわち、大部族連合であるサバアの諸部族の政治的結束には宗教が大きな役割を果たしており、その象徴としての神殿は最も力が注がれた建造物であった。また、大きな聖域には毎年定まった時期に巡礼が行われていた。サバア人ならびにサバアの同盟部族は国家神アルマカフのために、サバア暦のアブハイ月（雨期の七月頃ともいわれる）にマアリブのアルマカフ神殿（おそらくアッワーム神殿であろう）に集っていたが、これには部族連合間の絆の強化という重要な政治的な意味があった。同時に、異なった地域から多くの人々が集まることによる文化的・経済的効果も大きかった。マイーンではヤシッルのズー・サマーウィー神、ハドラマウトでは都シャブワのサイーン神のために巡礼が行われていた。

神殿は経済的にも重要な役割を果たしていた。プリニウスによれば、神聖な香料とされた乳香の出荷に際しては神殿に所定の税が支払われ、その税は旅人の接待に使われたという。「乳香は集められた後、ラクダに乗せてサボタ［＝シャブワ］へ運ばれる。すると市門の一つが開いて中に入れられる。王たちはそれを積んだラクダがその街道からそれることをこの上ない罪とした。サボタで重量でなく量目で見積もられる十分の一税が、彼らがサビス［＝サイーン］と呼ぶ神に仕える神官によって徴収される。そしてこれが済むまで香料は市場に下すことが許されない。この十分の一税は公の経費を支弁するために求められるのである。というのは事実、一定の日数の間その神は仁慈にも饗宴を張って客人たちをもてなすから。」（前掲『プリニウスの博物誌』一二・三二）。

この他、実際の碑文史料にも、十分の一税の神への奉献を述べた奉献碑文が存在する。

次に、建造物としての神殿の構造について見てみたい。一九九〇年代以降イエメン各地で発掘調査が進んだことにより、古代南アラビアの神殿の建築について多くのことが明らかにされてきた。神殿には二種類あり、一つは中庭型、もう一つは列柱型と呼ばれるものである。中庭型神殿では、長方形の建造物が入口からみて手前と奥の二つの空間に仕切られ、入口に近い方が野天の中庭となっている（図Ⅱ－15、口絵7）。奥の部屋は至聖所であったと思われる。前六世紀頃からこのような形の神殿が造られはじめるが、後になると、これに中庭を囲む列柱式回廊と、列柱式の玄関が加わった（図Ⅱ－16、17）。さらにヘレニズムの影響を受けるようになると、中庭の周囲にも複数の小部屋が造られるようになり、また、奥にあった小部屋は別棟として建築されることもあった（図Ⅱ－18）。もう一方の列柱型神殿は、ほぼ直方体の一部屋構造で、その内部に、屋根を支える数列の列柱が存在するのが特徴である（図Ⅱ－19）。

二つのタイプの神殿は、まったく異なる神聖さの概念を表していることが指摘されている。中庭型神殿では、最奥の至聖所と考えられる部分に向けて段階的に「神聖さ」が増してゆくような構造を呈しているが、列柱型神殿の内部は「神聖さ」において均一でシンプルな空間で

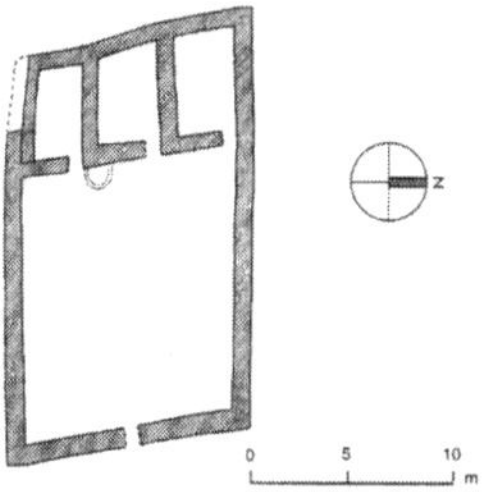

図Ⅱ－15　中庭型神殿の例（De Maigret: 292）。

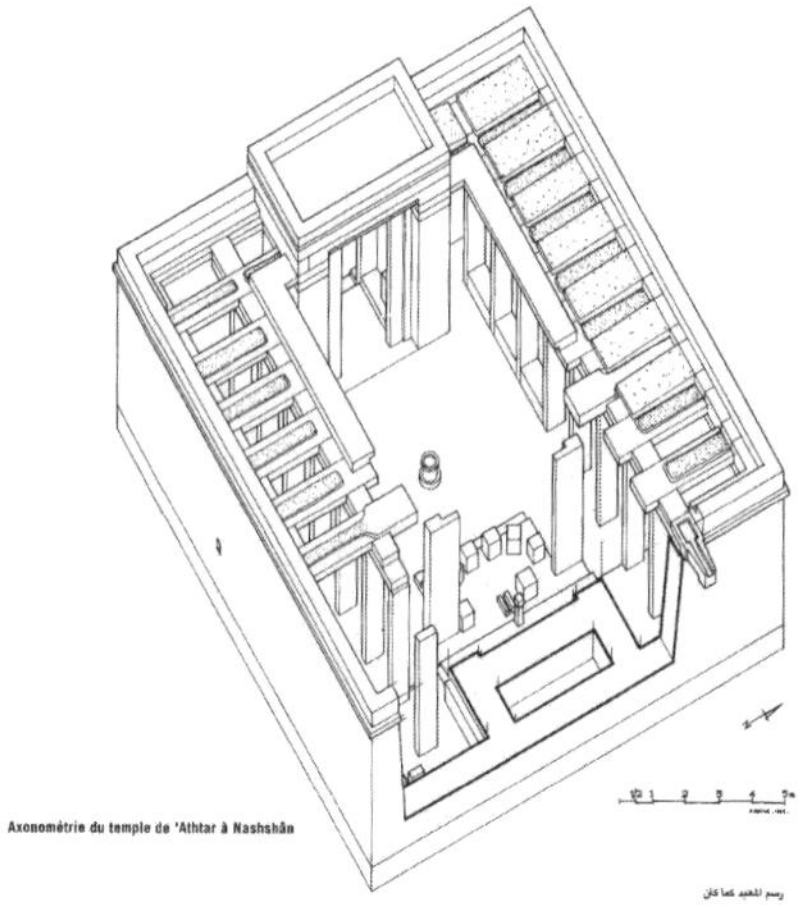

図Ⅱ－16　ナシャンの神殿（Robin & Vögt: 136）。

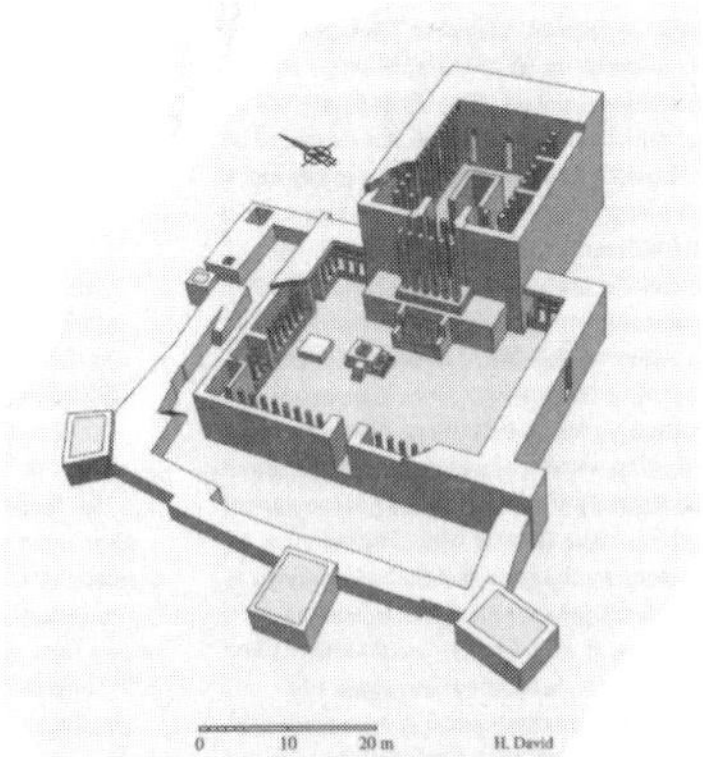

図Ⅱ－18　後期の中庭型神殿。中庭の周囲に複数の小部屋が設けられ、また、奥にあった小部屋は別棟として造られるようになった（Robin & Vögt: 140）。

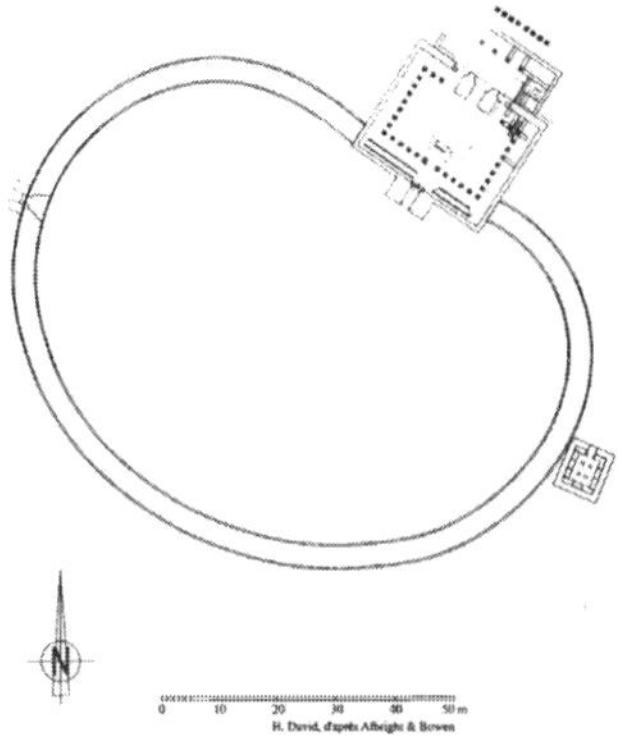

図Ⅱ－17　アルマカフ神を祀ったマアリブのアッワーム神殿。中庭式の本殿の南西に高さ約10メートルの厚い石造の楕円形の囲壁を持つ、非常にユニークな形状を呈している（Robin & Vögt: 145）。

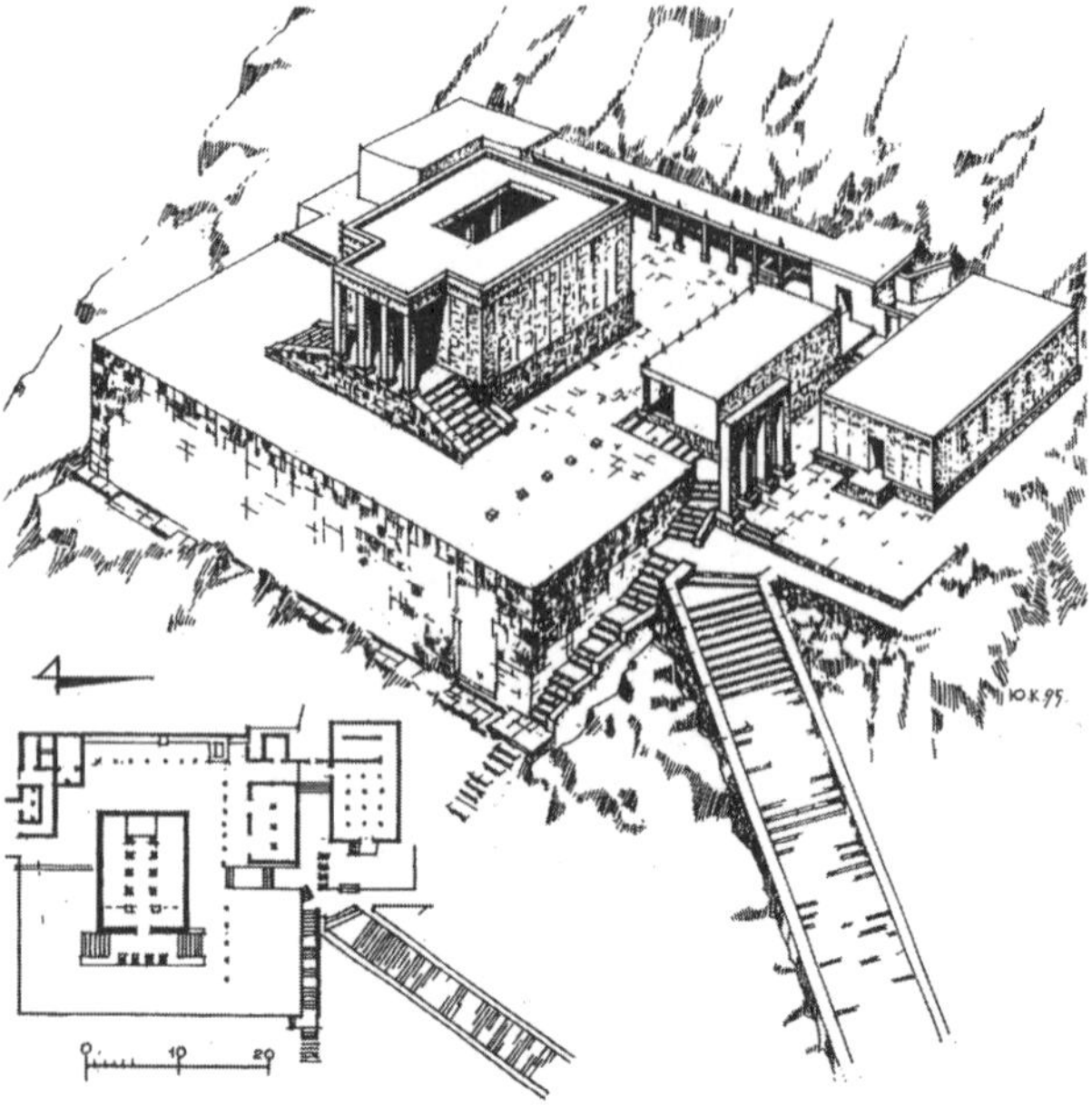

図Ⅱ－19　バラーキシュのナクラハ神の神殿。このような列柱型神殿はハドラマウトにおいて一般的に見られる。神殿は高台に建立され、そこに至る長い参道も造られた（Robin & Vögt: 147）。

ある。また、前者のタイプの聖域とその概念はシリア・パレスチナ発祥のものと考えられるが、後者は南アラビア特有の考え方に基づいているといわれる。

神殿の内部では水利が重視され、牛頭等の装飾が施された多くの排水樋が発見されている（図Ⅱ－20）。幾何学的な様式にデフォルメされたアイベックスやウシの彫刻が神殿のさまざまな個所に施され、壁面には石板や銅板の奉献碑文が掲げられていた。神殿からの一般的な出土遺物としては、奉献台（図Ⅱ－21）、犠牲獣のために使われた

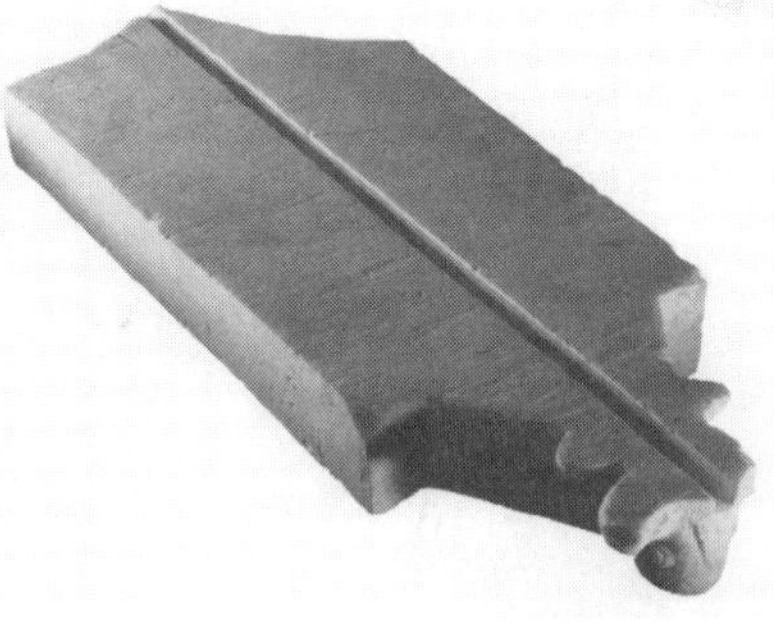

図Ⅱ－20　神殿の排水樋
(Robin & Vögt: 113)。

図Ⅱ－21　マアリブのバルアーン神殿の奉献台。

図Ⅱ－22　犠牲獣のために使われたと考えられる奉献台
(Simpson: 170)。

と考えられる奉献台（図Ⅱ－22）、香料の奉献台、香炉、人物・動物像、ステラが挙げられる。これらの多くは奉献物として神殿に奉納されたものである。これまでに多くの神殿が調査されてきたが、いずれにおいても大勢の信者の崇拝の具体的対象であったと考えられる神像や聖石のようなものは発見されていない。

前一千年紀の南アラビアにおいて、神殿はまさに社会の中心にあった。神殿には当時の南アラビアの最高水準の建築・技術・美術が凝縮されている。しかし、前一世紀以降になると、新たに大規模な神殿が建造されることはなくなった。その理由としては、ヒムヤルが南アラビアの覇権を握るようになると、神殿よりもむしろ王宮の建築が重視されるようになったことが指摘されている。

4 奉献碑文と奉納物

古代南アラビアの神殿では、さまざまなものが神に奉献されていた。前節で述べたように、神殿遺跡からは奉献台、香炉、像、ステラなどの奉献物が遺物として発見されているが、奉納物は、このような現代まで形を遺しているものだけとは限らない。神殿から発見される奉献碑文は、どのような奉献物がどのような経緯で奉献されたのか、考古学的資料だけでは知りえない部分を語ってくれる貴重な史料である。例えば、金属製の像が数多く奉献されていても、金属は後の時代に溶されて再利用されたために、まったく残らないか、あるいは石製の台座が残存するだけである。しかし、奉献碑文の中で青銅製、銀製の像の奉献が明記されていることから、そういったものが存在したことがわかるのである。

奉献碑文とは、奉献者名、神名、奉納物の種類、奉献に至った理由、祈願の言葉などが順を追って述べられる定型の碑文である。アラバスターや石灰の成形された石板に刻まれているもの、金属板に鋳造されているもの、奉納物自体あるいはその台座に刻まれているもの、さらには平らに成形された山の岩壁面に刻まれているものが存在する。奉献は祈願・感謝の両方の場合に行われた。奉献の理由には、病気からの快復、子供の誕生、旅からの無事の帰還、戦争での勝利、巡礼、高位の職への就任などさまざまなものが見られる。以下は奉献碑文とはどういったものか、また、そこで言及された奉献物との関わりについて実例を挙げながら紹介する。

香料の奉献台の碑文（図Ⅱ－23）

この碑文は、古代南アラビアでは一般的な形状の香の奉献台の火皿を支える角錐の三つの面に刻まれている。ここではラハイアトという人物が宮殿の支配者に就任したことを記念して、果物と香料の奉献台をアスタル神に奉献したことと祈願の言葉が言及されている。

「ズー・バルアーンの息子ラハイアトは、シルヤのサアラーン族とアムラーン族宮殿の支配者になった際に、彼の主人、サバアとズー・ライダーンの王シャンマル・ユハルイシュの安泰のために、彼らの僕バルアーンの息子ラハイアサト（＝ラハイアト）の安泰のために、彼らの家臣であるシルヤの町の住民の部族——彼の家族と彼らの秋と夏の穀物と段丘の畑のブドウ——の安泰のために、香料の奉献台と果物をアスタル・シャリカーン神に奉献しました。アスタルがイナゴと災害と雹《ひょう》と呪術と敵を遠ざけてくださいますように。」

この碑文は、奉献物自体に奉献碑文が刻まれているうえに奉献物も明記されている非常にわかりやすい例といえる。しかし、初期の碑文の中には、人物の奉献という、実態の不明瞭な奉献に触れているものがある。奉献者の子供、妻、またとくにハドラマウトのサイーン神への奉献碑文では、自分自身を神に捧げる簡素な碑文が頻繁に見られる。

図Ⅱ－23　四角柱の上に方形の火皿のある形状の香料の奉献台。台座部分に碑文が刻まれている（Calvet & Robin: 101）。

次に挙げる二点のサバア語碑文の例では、古代南アラビアの最も古い時期の碑文に特徴的な耕牛書法（ブストロフェドン）が採用されている。耕牛書法とは、一行目は右から左、二行目は左から右、三行目はまた右から左、というように、農地を耕すウシの動きと同じような順序で文字を刻む方法である。ごく初期の古拙期までのギリシア語碑文・銘文においてもこの書法が用いられている。南アラビアの耕牛書法では、ギリシアのそれと同じように、偶数行において鏡文字が使用されている。

バルアーン神殿のアイベックス装飾付きの石板（図Ⅱ－24）

マアリブにはアルマカフを祀ったアッワーム神殿があるが、バルアーン神殿も同じ神を祀ったマアリブのもう一つの神殿である。前五～前四世紀のものと考えられるこの碑文には、二人のサバアの統治者（ムカッリブ）の友人である奉献者が、彼のすべての子供たちをアルマカフ神に奉献したことが刻まれている。

「スムフアリーとヤサアアマルの友人、シャーキル族のラアスフムーの息子アンムカルブはアルマカフ神に彼の子供たちすべてを奉献しました。アスタル神とアルマカフ神とザート・ヒムヤーム女神、

図Ⅱ－24　バルアーン神殿のアイベックス装飾付きの石板（Robin & Vögt: 143）。

そしてスムフアリーとヤサアアマルにかけて。」

南アラビアにおける人身の奉献は人身御供や残りの生涯を神への奉仕のみに費やすことを意味するのではない。それを一定期間神殿で神のための奉仕をすることとする考えもあるが、次に挙げる男性像の銘文を見ると、これが神への服従を表わす抽象的な表現であるように感じられる。

アッワーム神殿出土のマアドカリブ像の碑文（章扉参照）

この牛耕書法による銘文は、アメリカ隊による一九五〇年代のマアリブのアッワーム神殿発掘で出土したブロンズの男性像の胴体を覆っているものである。ここには、アンムアナスという人物が三体の像と五人の息子たちをアルマカフ神に奉献した旨が述べられている。

「ラハイアトの息子、カシュアトの息子、アンムアナスは三体の戦士像の一部であるこの青銅の男性像と、彼の息子たち、ハミアサト、マアドカリブ、アウスアサト、ラハイアト、アウスとバヌー・カシュハトとマルハブ族のカビール・アクヤーン、カビール・ハリールの息子アンムカリブ、シャラシュムの息子ハウフアサトと彼の家ヤフアーンと［ワーディー・］アダナとナシュクの平野にある彼の所有物すべてをアルマカフ神に奉献しました。アスタル神とアルマカフ神とザート・ヒムヤーム女神とザート・バアダン女神とザート・バスル女神、そしてサバア王ヤダアイル・バヤーンにかけて。」

奉献碑文の上方の像の胸の部分は「マアドカリブ」と刻されているため、この像が息子の一人、マアドカリブの像であることが明らかである。文面から判断すると、アンムアナスは自らが大切にしているものの奉献を表明することによって神への服従を表し、それを三体の像の奉献という形で具体的に示したのではないかと考えられる。所有物に関しても、この碑文の場合、土地や建物が実際に神殿へ寄進されたとは考えにくい。

抽象的な奉納物としては、他に「力」「目の光」などが見られるが、大抵はそれらに加えて実体的な奉献物も併記される。

図Ⅱ－25　ラハイアトの奉献碑文（1世紀、サヌアー南）（Robin & Vögt: 127）。

神託により命じられた奉献——ラハイアトの奉献碑文（図Ⅱ－25）

神に祈願したことが成就した際にも、事前に神託によって命じられていたり、あるいは信者の側から神に約束していたりした品の奉献が行われた。

「ナアス族のラハイアトは、ファナワートの主であるシャムス女神に、彼女が神託でお命じになったとおり、この碑文を奉献しました。シャムス女神がさらなる恩恵と安寧をお与えくださいますように。」

また、神託の中で、状況別に奉納物が定められていることもあった。ジャウフ地方のダルブ・アッサビーのナクラフ神を祀った神殿の碑文には、ナクラフの神託として、状況ごとに奉献する動物が指定されている。神殿では家畜が飼われていたので、奉献による家畜もそれらに加えられたのであろう。

「瀕死の人あるいは流産あるいは死産をした女性は、いつでも［聖域に］入ってよい。彼または彼女は二重の引き具を付けた牡ウシと白い仔ヤギを奉献しなければならない。流産あるいは死産をした女性、あるいは仕事をしている女性に乱暴をした男、死の病に侵されている者は、神殿に身を寄せることが許されない。もし、女性が流産あるいは死産の後に亡くなったのであれば、彼女の親類が牡ヤギと牡ヒツジを奉献しなければならない。」

右手の奉献（図Ⅱ－26）

ヒムヤル時代の奉献碑文の中には、青銅製の右手に刻まれている例がある。

「スハイム家の僕、ユルサム族のハスマーンの息子ワッハーブ・タアラブは、彼らの安泰のために、ザファールの町のズー・カブラトの彼［タアラブ神］の記念碑において、彼らの守護神、タアラブ・リヤームにこの右手を奉献しました。」

このようなユニークな奉献物は何らかの特定の意味、あるいは特定の儀式と結びついていたのであろう。サバアに存在したマフヤアと呼ばれる宗教儀式を表した青銅板には、六人の男性信者が右手に弓、左手に右手を象った何かを持って行進している様子が描かれている（図Ⅱ－27）。銘文には、「アフム族のヤフアーンの息子アウスアサトのマフヤア」とあり、上方には「ニアマーン」という神殿名（？）が上方に記されているが、このマフヤアという儀式については現状では史料がほとんどなく、詳細を知ることができない。

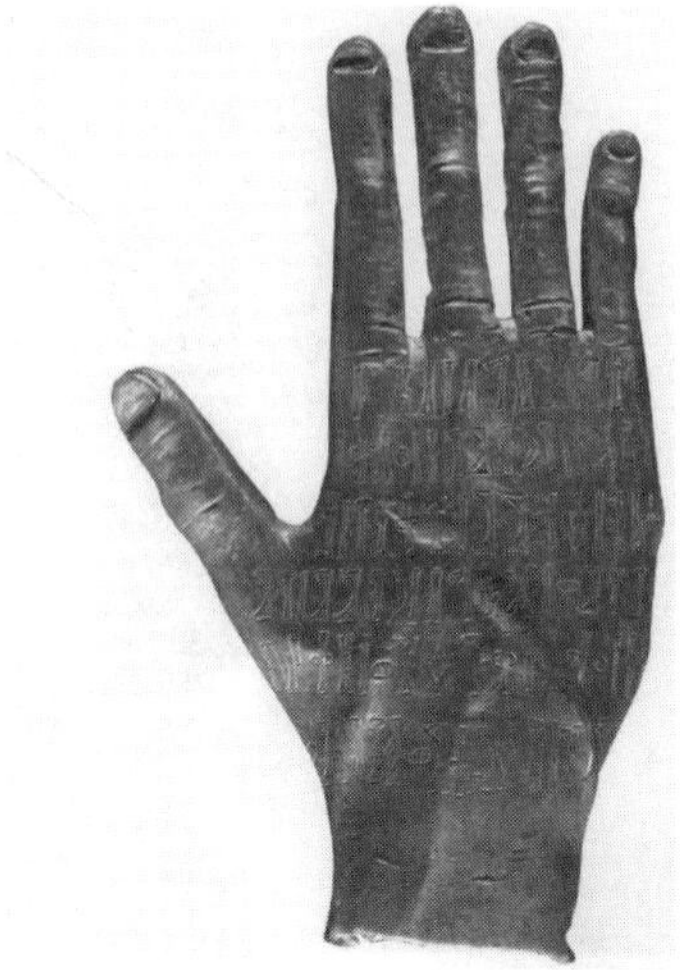

図Ⅱ－26　青銅製の右手に刻まれた奉献碑文（2、3世紀）（Robin & Vögt: 62）。

5　香料の奉納

南アラビアの神殿では、香炉と香料の奉献台が数多く出土していることから、産地においても香料が古くから宗教儀式に密接に結びついていたことがわかる。香炉と香料の奉献台の種類を見てみると、四角柱の上に方形の火皿のある形状の香料の奉献台をはじめとするさまざまな

図Ⅱ－27　サバアの一宗教儀式を描いた青銅板（前5世紀頃）（Robin & Vögt: 121）。

形状の石灰製の香炉（図Ⅱ－28）、石灰やステアタイト（凍石）製の四足の方形の香炉（図Ⅱ－29）、さまざまな形状の土製香炉（図Ⅱ－30）、青銅製の香炉（図Ⅱ－31）など実に多様である。奉献台の形状のものには、短い奉献碑文や奉献者の名前が刻まれ、火皿の側面中央に三日月と円盤（太陽）のモチーフが彫り込まれているものが多い。奉献碑文では、このような奉献台はマクタルと呼ばれている。香料の奉献台は神殿で使用され、方形の香炉など小型のものは、神殿での使用の他、家庭での日常的祭儀にも使用されたと考えられる。方形の香炉に関しては、同形のものが南アラビアにとどまらず、香料の道沿いにシリア・パレスティナ地方まで分布している。

方形の香炉（図Ⅱ－29）には、側面に香料名が刻まれていることがある。香炉に刻まれた碑文には一一種の香料が挙げられており、古代南アラビアでは、多種の香料が薫香として用いら

図Ⅱ－29　ステアタイト（凍石）製の四足の方形の香炉（Académie des Inscriptions 1977: 291）。

図Ⅱ－28　さまざまな形状の石灰製の香炉（Simpson: 113）。

図Ⅱ－30　土製香炉（Simpson: 95）。

図Ⅱ－31　青銅製の香炉（Simpson: 96）。

れていたことがわかる。しかし、エジプト、メソポタミア、ギリシア・ローマ世界で神聖かつ高級な香料として珍重された乳香と没薬について見てみると、産地であるにもかかわらず、南アラビアではそれらの使用を示す資料が極端に少ない。香炉に乳香の名が刻まれる例は他の香料に比べて少なく、没薬に至っては香炉自体に刻まれた例すら見られない。多くの樹脂香料にも恵まれた南アラビアでは、輸出品として高値の付く乳香や没薬の大半を輸出用とし、自らは他のさまざまな香料を使用していたのかもしれない。

香炉に言及されている香料は以下のとおりである。古代南アラビア語碑文は子音のみで表記されているため、香料名の読み方は推測である。

ザハブ

ザハブは元来、古代南アラビア語で「金」あるいは「銅」を意味する言葉である。おそらく、そこから転じて金色の樹脂香料を指す言葉として用いられたのではないかと考えられるが、実際にどの香料を指しているのかは不明である。

ダルウ

この香料はラテン語ではタルムtarumと呼ばれ、アラビアおよび東アフリカで生育するマスティック*Pistacia lenticus*に属する樹木から採れる樹脂とされる。現代のイエメンにおいても同名の香料が存在するが、こちらはサルヴィアの一種*Salvia merjamæ Forssk.*で全く別物である。ダルウは香炉の碑文にごく頻繁に登場する。

ハザク

さまざまな推論が行われているものの、これがどのような香料を示していたのかは不明である。アラビア語にもこの言葉は残っていない。

カムカーム

カムカームはラテン語のカンカヌムcancanumに同定され、それによると、没薬に類似したアラビアの樹木から取れる樹脂香料である。上述のダルウを表わすタルムとともに言及され（中野定雄他訳『プリニウスの博物誌』一二・九八）るので、こちらも*Pistacia lenticus*からとれるものとされる。

ラブナイ

前述の乳香（アラビア語でルーバーン）である可能性が高いが、香炉にその名が刻まれている例はわずかである。また、ラブナイがシリア産の樹脂香料ストラクスを示しているという捉え方もある。

ラダン

ラダンはラテン語のラダヌムladanum、後期バビロニア語と新アッシリア語のladinuに相当し、ゴジアオイ属に属する植物の葉から抽出した油性の樹脂とされる。ヘロドトスはアラブ人が主に薫香として使用する香料として、これを挙げている。「アラビア人はこれを特に焚き香として好んで用いる」（松平千秋訳『歴史』三・一一二）。

ナーイム

ナーイムは元来、古代南アラビア語で「慈しみ深い」ことを意味する言葉であるが、香料としてどのようなものを意味するのかは不明である。

ナドアム

ナドアムの語根ナダアはアラビア語において「～を燃やす」「～を灰に焼べる」を意味する言葉であるが、香料として何を示していたのかを知る手がかりはない。

カラム

カラムはラテン語のカラムスqalamusに相当し、甘い香りのショウブ*Acorus calamus*の根茎と考えられているが、レモン・グラス*Cymbopogon citratrus*とする見解もある。

クスト

クストはラテン語のキストゥスcistusに相当し、アラビア産の*Costus arabicus*に由来する香料と考えられている。

ランド

図Ⅱ－32　女性信者がシャムス女神へ供え物を奉献する場面を描いた1世紀のレリーフ。香炉も描かれている（Simpson: 95）。

図Ⅱ－33　乳香を焚くオマーンの女性（Pisani & Bennouna: 85）。

アラビア語にも同名の香料は存在し、カンショウ（ナルド）あるいはゲッケイジュ *Laurus nobilis* とされる。また、今日のイエメンでは、ランドといえば、芳香性の葉を持つヨモギ属の植物である。ランドは香炉の碑文に最も頻繁に登場する香料である。

多くの香炉には使用痕が認められ、火皿に黒色の煤のみならず樹脂香料が残存していることもある。実際に宗教儀式の中でどのように使われていたのかははっきりとしないが、香料の奉献台に刻された碑文を見ると、奉献台自体が奉献物となっている場合が多い。また、神殿での儀式に際しては香が焚かれていたようである。女性信者がシャムス女神へ供え物を奉献する場面を描いた一世紀のレリーフの中には香炉が描かれている（図Ⅱ－32）。

現在も、アラビア半島では、客人を迎えるとき、あるいは食後など部屋の空気をリフレッシュしたいときに香を焚く（図Ⅱ－33、口絵4）。しかし、古代社会における香料の存在は、さまざまな香りが普及している今日とは比べ物にならないほど貴重なものであったはずである。視覚、聴覚で感じるものとともに、香りが人間の精神に及ぼす影響力は大きい。香を焚いたときに出る大量の白い煙とともに広がる香りは、宗教儀式にふさわしい神々しい環境を作り出し、信者たちの信仰心を高揚させたことであろう。

6 墓と葬制

古代南アラビアにはさまざまな民族集団が存在していたため、墓の形態も一様ではないが、鉄器時代以降の墓を大別すれば、岩窟墓と神殿付属の葬祭建造物の二種類が存在する。前者には規模・形状ともにさまざまなものがある。岩壁を穿って埋葬室が造られ、遺体はその中にそのまま安置されることもあれば、さらにその中に埋葬のための窪みが造られていることもあった。埋葬室内部にはステラや副葬品を安置するための壁龕《へきがん》が設けられ、壁面は石膏で塗装されることもあった。サヌアー近郊のシバーム・アルギラースの前一千年紀後半の岩窟墓（図Ⅱ

－34）からは、小さく折り曲げられて革袋に入れられた多数のミイラが発見された（図Ⅱ－35）。また、ハドラマウトの岩窟墓の中にはラクダが人間とともに、あるいはその近くに埋葬されている例がある。これらは、ナイフ、短剣、槍先といった副葬品から、ラクダ遊牧に関わった人々の墓とされる。

一方、都市の住民の墓は、通常神殿の付属施設として設けられ、葬祭建造物自体が神殿の役割を兼ねる場合もあったようである。典型的なものはカタバーンの首都ティムナの北二キロメートルのハイド・ビン・アキール、マアリブのアッワーム神殿に見られる。

ハイド・ビン・アキールはティムナの人々のための墓域で、山の斜面に神殿と墓の二つの石造の建造物の遺構（神殿の一部は泥レンガ造り）が展開している（図Ⅱ－36、37）。墓の遺構の高さは四メートルほどで、埋葬室の通路の両側には上下を石板によって仕切られた遺体を安置するための棚が設置されている（図Ⅱ－38）。神殿、墓の両方から多くのアラバスターの彫像やステラが発見された（図Ⅱ－39）。

サバアの都マアリブのアッワーム神殿には、神殿に隣接して立派な葬祭建造物が設けられていた（図Ⅱ－40）。ここには秩序立てて造られた石造の埋葬室に合計二～三万体が葬られていたことがわかる。おそらく庶民と考えられる約二〇〇遺体は、高さは九メートルの三階ないしは四階構造の埋葬室に安置されていたのであろう。上流階級の墓は、神殿のような玄関を伴い、

図Ⅱ－35　シバーム・アルギラースの岩窟墓からは多数のミイラが発見された（Simpson: 182）。

図Ⅱ－34　サヌアー近郊のシバーム・アルギラースの前一千年紀後半の岩窟墓（Simpson: 182）。

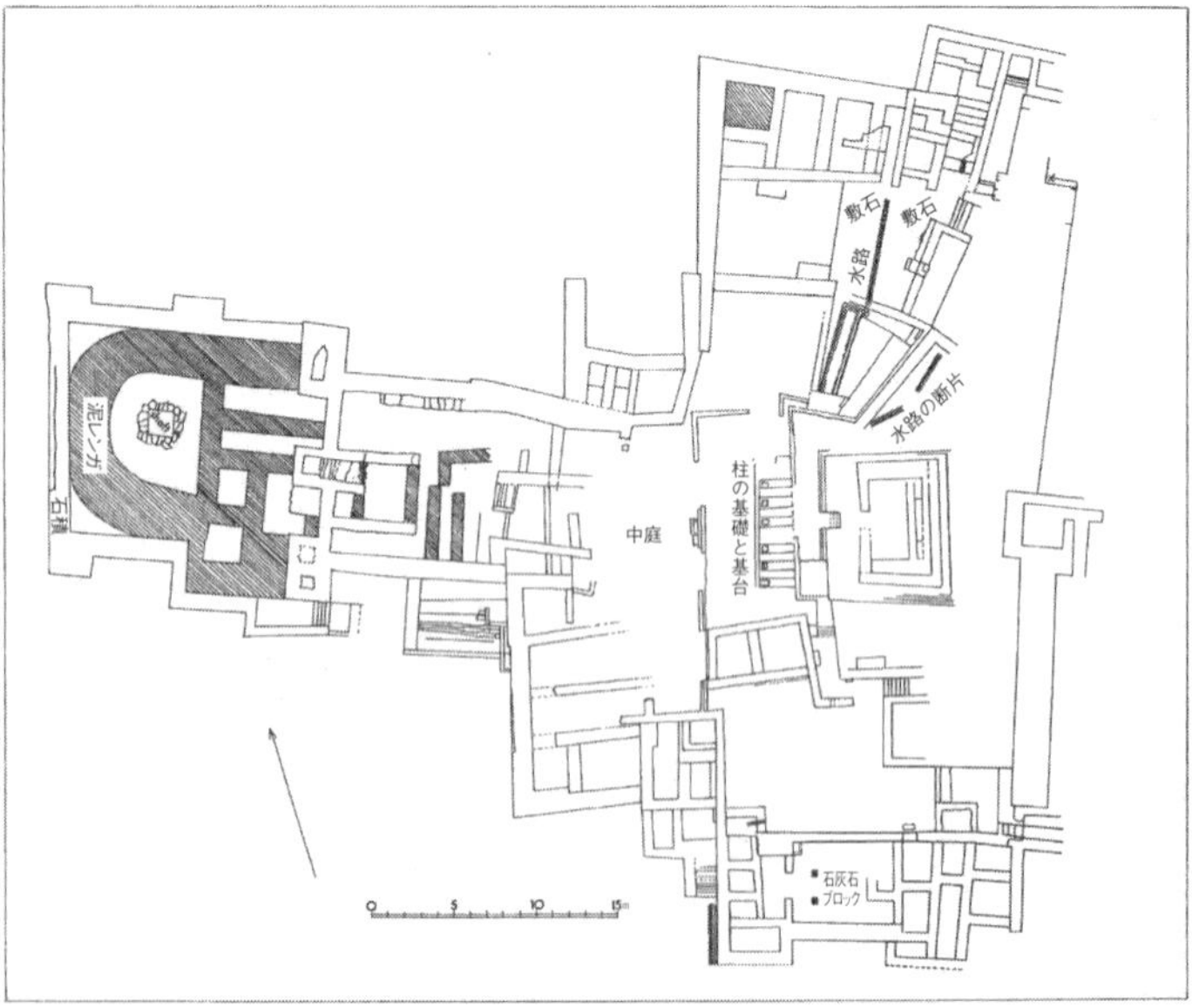

図Ⅱ－36　アメリカ隊の発掘したハイド・ビン・アキールの神殿と墓（Cleveland: PLAN 1）。

図Ⅱ－38　埋葬室の通路の両側には上下を石板によって仕切られた遺体を安置するための棚が設置されている（ハイド・ビン・アキール）（Phillips: 112）。

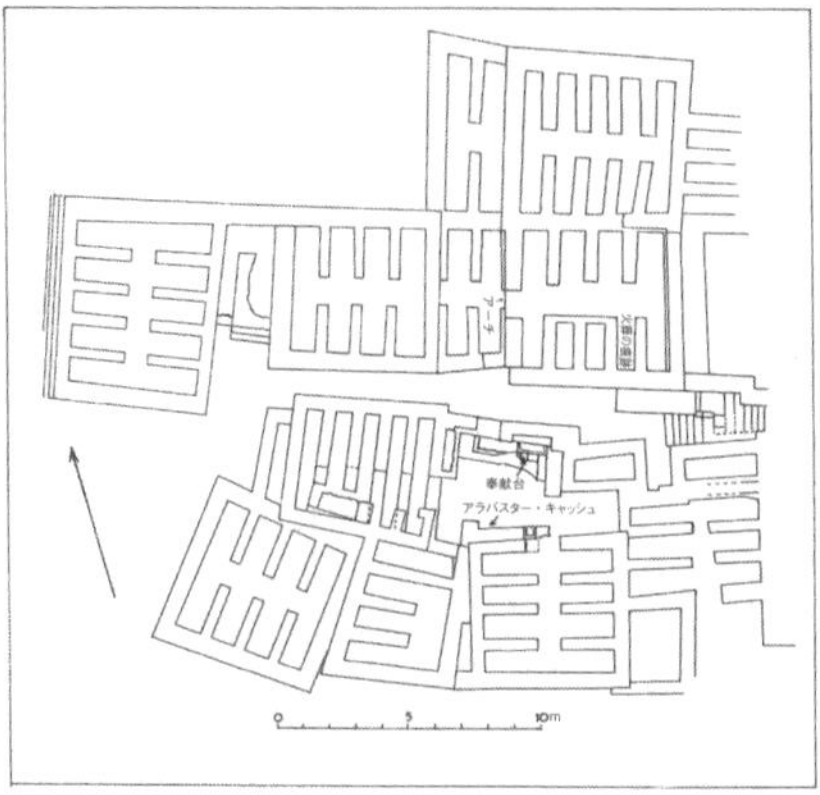

図Ⅱ－37　ハイド・ビン・アキールの葬送建造物（墓）（Cleveland: PLAN 2）。

図Ⅱ－39　ハイド・ビン・アキールの葬祭建造物の中の祭壇のある部屋の一角（図Ⅱ－37の「アラバスター・キャッシュ」）では、多数のアラバスター製品が発見された（Phillips: 165）。

図Ⅱ－40　マアリブのアッワーム神殿には、神殿に隣接する形で立派な葬祭建造物が設けられていた（Gerlach: 87）。

図Ⅱ－41　墓の内部の壁面には死者の肖像が浮き彫りにされている（マアリブのアッワーム神殿付設の墓域）（Simpson: 183）。

図Ⅱ－42　墓の壁面に嵌め込まれていた人物の浮き彫り（Calvet & Robin: 106）。

図Ⅱ－43　死者の肖像が嵌め込まれた柱状の壁龕（マアリブのアッワーム神殿出土）（Simpson: 198）。

基壇の上に設置されている。

また、特別に設けられた四本の柱のある霊廟は、サバアの統治者一族の墓と考えられている。葬祭建造物に使用されている整形された切石には、墓の建造者名、死者名と出自、身分などを刻んだ前六〜前五世紀の墓誌が残されている。墓の内部の壁面には死者の肖像が浮き彫りにされており（図Ⅱ－41、42）、死者の肖像が嵌め込まれた柱状の壁龕（図Ⅱ－43）も多数出土した。

次節では、墓や神殿において重要な役割を果たした像やステラについて紹介する。

7　像とステラ（石柱・石板）

南アラビアでは、中近東の他の地域とは比較にならないほど、おびただしい数の像とステラが発見されており、形状もさまざまである。現在残存しているものは主に石灰石、上質のものはアラバスターで造られている。これらに加え、わずかながら金属製、木製のものがあるが、金属製のものは溶かされて再利用され、また木製品は耐久性がなく今日まで残存しなかったことを考えると、かつてはより多くの像やステラが神殿に置かれていたことが推測できる。実際、石製の台座だけのものも数多く出土している。

ステラや像は高さ数十センチに満たない小型なものが大多数であるため、持ち運びが容易である。そのため、古くから盗掘などにより遺跡から持ち去られたものが多く、出土地不明のものも少なくない。発掘調査で出土したものに関して見てみると、大部分の像とステラはともに神殿と墓で発見されていることがわかる。古代南アラビアのステラと像には主に次のようなものが見られる。

(ア)　無装飾のステラ（無装飾の磨かれた石板）（図Ⅱ－44）
(イ)　目のみを表した石板（目のステラ）（図Ⅱ－45、46）

(ウ)　様式化された顔が表された石板（目のステラ）（図Ⅱ－47、48）
(エ)　壁龕に嵌め込まれた顔の浮き彫り（図Ⅱ－49）
(オ)　人物の顔の浮き彫りが施されたステラ（図Ⅱ－50）
(カ)　人物の頭像（口絵8、図Ⅱ－51）
(キ)　人物の浮き彫りの施されたステラ
(ク)　人物の立像（図Ⅱ－12）
(ケ)　人物の座像（口絵9）
(コ)　動物の像（図Ⅱ－52）
(サ)　無装飾のステラに牛頭像が付いているもの（図Ⅱ－53）
(シ)　牛頭の浮き彫りの施されたステラ
(ス)　日常生活の場面が浅浮き彫りにされたステラ（図Ⅱ－54）

人物像とステラの多くには人名が刻まれている。人物が表されているものに関して見てみると、碑文の人名が女性である場合は女性であることからも、これらが神像ではないことが明らかである。(コ)、(サ)、(シ)のウシやその他の動物像に関しても、それらが神の姿を表しているとは考えにくいので、単なる奉納物か神の象徴の一つであろう。人物像は神殿においては信者のいわば身代わりとして置かれた奉納物であり、一方、墓に置かれたものに関しては、死者の魂を宿らせるという役割を果たしたものであったと考えられる。ステラや像の出土地にはある程度の傾向が見られ、とくに(ア)、(ウ)、(サ)は特にカタバーンの都ティムナの神殿と墓域であるハイド・ビン・アキールで、(イ)はイエメン北部のジャウフ地方で、また、(オ)の多くはマアリブのアッワーム神殿の墓域で壁龕に嵌め込むような形で発見されている。

さて、数多ある古代南アラビアのステラの中でひと際興味深いのは、(イ)と(ウ)の、通称「目のステラ」と呼ばれているカテゴリーである。これら二つの種類の「目のステラ」には、いずれもアラビア半島の交易路上の他の都市に類例が見られる。

(イ)に分類される「目のステラ」は、円あるいはアーモンド形の目のみが直方体の石板に彫りこまれている非常に簡素なものである(図Ⅱ-45、46)。これらはもっぱら南アラビアの北部に位置するマイーンとその周辺の小さな隊商国家の遺跡で出土している。このタイプには、わずかながら木製のものも残されている。一方、(ウ)に分類されるものはカタバーンの墓域ハイド・ビン・アキールの調査で出土した、四角い石板に様式化された目、鼻、さらに一部は口までが浮き彫りで表されたものである(図Ⅱ-47、48)。「目のステラ」の使用された年代は、碑文の書体から、両グループともに比較的古い時期とされ、人物像やレリーフのある他のステラが現れる以前のものと考えられている。

(イ)のステラに類似したものは南アラビアから湾岸方面に向かう交易路上の隊商都市として前

図Ⅱ－45（左）46（右）目のみを表した石板（目のステラ）（45 Robin 1992a: pl. 17a、46 同: 17b）。

図Ⅱ－44　無装飾のステラ（Cleveland: PLATE 76）。

図Ⅱ－47（左）48（右）様式化された顔が表された石板（目のステラ）（47 Robin & Vögt: 173 , 48 同: 150）。

図Ⅱ－51　人物の頭像（Robin & Vögt: 172）。

図Ⅱ－50　人物の顔の浮き彫りが施されたステラ（Gribaudo: 62）。

図Ⅱ－49　壁龕に嵌め込まれていたと考えられる顔の浮き彫り（Cleveland: PLATE52）。

図Ⅱ－54　日常生活の場面が浅浮き彫りにされたステラ（Calvet & Robin: 108）。

図Ⅱ－53　無装飾のステラに牛頭像が嵌め込まれたもの（Cleveland: PLATE 64）。

図Ⅱ－52　動物の像（Calvet & Robin: 93）。

図Ⅱ－55　中央アラビアの隊商都市カルヤト・アルファーウ。キング・サウード大学教授アンサーリーによりサウジアラビア人主導での初めての発掘調査が行われた遺跡でもある。ここを拠点としていたのは北アラブ系の人々であるが、南アラビア文字の使用など、文化的には南アラビアの影響を強く受けている。後3世紀には、北アラブ系のキンダ王国の都となった。墓域は町の東南に位置する（Al-Ansary: 表紙）。

二～後五世紀頃に繁栄したカルヤト・アルファーウ（図Ⅱ－55）で発見されている。

カルヤト・アルファーウのステラは、二つの円形の彫り込みによって目が表されたもので（図Ⅱ－56）、それらの大半は貴族の墓から出土している。これらのステラは南アラビア出土のものと比べると高さに対して横幅があり、全体の規模も高さが四〇センチメートル程度と一回り大きい。ステラの碑文は人名で、墓の主すなわち死者のものと考えられる。カルヤト・アルファーウの後期の文化にはヘレニズム・ローマ文化の影響が強く、この時期になるとさまざまな人物・動物像が造られる。それらとは明らかに様式の異なるこのような無装飾のステラは、おそらく初期のものと考えて相違ないであろう。

他方、㈦のステラに類似するものは、北西アラビアのタイマーとナバテアの諸都市に見られる。タイマーとナバテアについては後述するので、ここで詳しくは述べることは避けるが、タイマーでは目を象ったステラが墓として使われ、ナバテアではヘレニズム・ロー

図Ⅱ－56　カルヤト・アルファーウ出土の墓のステラ。このようなステラのほとんどは地下の貴族の墓から棺の木片やガラス器、土器などとともに発見された（Al-Ansary:143）。

マ文化の影響が及ぶ以前の時代に、目を象ったステラが無装飾のステラとともに神像として崇拝の対象とされていた（第Ⅲ章3節参照）。

これらのステラの年代を考慮すると、その用途は異なるにせよ、アラビア半島における「目のステラ」の形態は南アラビアに端を発し、香料を運ぶ南アラビアからの隊商路によって、交易路上の他の都市に広められたという可能性が考えられる。隊商の一団によって一度に移動する人数は数千人規模であるから、その文化的影響力は大きい。しかしながら、このような伝統が南アラビア発祥のものかどうかは定かではない。前三五〇〇〜前三三〇〇年頃の北メソポタミアのブーラークの神殿で何百もの小さな目を象った偶像が出土しているように（図Ⅱ－57）、目を象ったものを神殿に奉納するのは、アラビアだけに限られた慣習ではない。

次にステラについて、言葉の側面から見てみたい。奉献碑文では像はザラムと呼ばれていた。その一方、カタバーン出土のステラには、「何某のマアンマル」、「何某のマウキフ」と記されているものがある。マアンマルについては、カタバーンの奉献碑文に奉納物として挙げられている例が見られるので、少なくともそのステラが奉納物であったということがわかる。箇素な文脈からは知る由もないが、語根（セム系言語において、すべての単語は語根と呼ばれるもとの言葉から派生してつくられている）から察すると、マアンマルのもとの意味は「留まるところ」、マウキフは「立つところ」、あるいはムウカフと読むならば「立てられたもの」という意味となる。しかし、ステラが立てられたものとして表されているのか、あるいは死者の魂がそこに立ち止まったり留まったりするのか、はっきりとしない。いずれにせよ、南アラビアの人物像やステラは、すでに本章1節で述べたシャムス女神のステラの例外を除いて、すべてが信者自身を表すものと考えてよいであろう。

一方、(ス)の日常生活の場面が浅浮き彫りにされたステラは、「何某のナフス」「何某の肖像・姿（サウル）」「何某の肖像ナフス」といった碑文を伴う。例えば、図Ⅱ－54のステラには「カルヤのサアダッラーの息子イグルの姿とナフス。これを破壊する者をアスタル・シャリカーン神が打ち倒してくださいますように。」というテクストが刻まれている。ナフスのもとの意味は「魂」「自身」であるが、この言葉は、「何某のナフスと墓」のように墓と列記されたり、北西アラビアのディーダーンに残された古代南アラビア語の碑文に「ディーダーンで死んだ何某のナフス」と刻まれていたりすることから、この言葉が葬送ステラをあらわす言葉として使わ

図Ⅱ－57　北メソポタミアのブーラークの神殿で発見された「目の偶像」（前3200年頃。フィッツウィリアム博物館所蔵）。

れるようになっていたと考えられている。

ナフスに相当する言葉は、後述するタイマーをはじめとする北西アラビアのステラに刻されたアラム語碑文にも見られる（第Ⅲ章1節参照）。南アラビアにおいて、ステラにナフスという言葉が用いられるようになるのは、北アラビア系の人々が大量に流入してきた後二世紀以降のことであり、またナフスに伴って表されている人名の大半が北アラビア系であることを考慮すると、南アラビアにおいて死者のためのステラをナフス（魂）と呼ぶ慣習は、北西アラビアからの移民たちがもたらしたと考えるのが自然である。当時のアラビア半島のアラブの間に、肉体を離れた死後の魂がステラに宿るという考えが広く存在していたことがわかる。

8　日常生活における宗教的禁忌

古代南アラビアにおいて、宗教は日常生活の隅々にまで関わっていた。神殿で発見された贖罪碑文からは、当時存在した宗教的禁忌や掟の一部を垣間見ることができる。

南アラビアでは、これまでに五〇点ほどの贖罪碑文が発見されている。これらはすべて二世紀以前のものとされる。碑文は銅板に鋳造、あるいは石板や奉献物に彫り込まれ、板状のものは人眼のつく神殿の壁面に掲げられていたようである。贖罪碑文では通常、まず、誰が（碑文の奉献者の名前と出自)、どの神に対して懺悔を行うのかが記され、次いでどのような過ちを犯したのか、そして懺悔を行うきっかけとなった災難、最後に、奉献者の贖罪行為と引き換えに神の恩恵を請う内容、あるいは神への服従と奉献者が行った贖罪行為の内容(碑文の奉納など)が記される。すなわち、人々は病や水不足など何か災難が起こると、それを過去の過ちに対して神の下した罰であると考え、公開懺悔を行っていたということである。

懺悔の内容には、現代人の目から見れば、公衆の面前に晒すにはふさわしくないと感じられるような私的なものも見られるが、公開することによって、罪を犯した者に屈辱を与え、見せしめにする役割もあったことであろう。また、人々は、個人の非によって引き起こされた神の怒りが、その家系、さらには部族・社会全体の災難となって降りかかることを恐れていたと考えられる。奴隷女など身分の低い者による贖罪碑文の存在は、このことを如実に示している。

犯した過ちの具体的内容としては、神殿に入って臭い野菜類とタマネギの匂いをさせたこと、宗教的不浄の状態で公衆の面前に出たこと、穢《けが》れた服を身に付け、そのことを隠していたこと、月経期間および産褥《さんじょくき》期の女性と交渉を持ったこと、巡礼中に不浄な状態にある女性と交渉を持ち、体を清めずにいたことなどが挙げられている。では、実際の碑文史料の例を見てみよう。

神殿で臭い野菜類とタマネギの匂いをさせることに関する碑文

この碑文は、サバア王国の首都マアリブのアッワーム神殿で発見された砂岩の奉献碑文である。ここでは、二人の男性が神殿内で臭い野菜類とタマネギの匂いをさせたことについてアルマカフ神に贖罪している。砂岩に非常に浅く彫り込まれた碑文で、同じ神殿から発見された他の奉献碑文に比べると文字は拙劣であり、専門家の手によるものではないことが明らかである。

「ザビヤーン族のイグルとシャラフは彼らの主人であるアッワーム神殿の主アルマカフ神に罪滅ぼしとして銀の像を奉献した。彼らの主人アッワーム神殿の主アルマカフ神に対して過ちを犯したので。すなわち、臭い野菜およびタマネギの匂いをさせながら神殿に入ることを避けなかったことと、その他の過ちのために。彼（アルマカフ神）は、彼の僕イグルが未知の伝染病で六カ月間苦しめられることを表明された。従って、ザビヤーン族の人々は、アルマカフ神に背いて罪を犯すことを避け、彼の僕《しもべ》アガルムのために、彼が生命の危機から救われたのちに、アッワーム神殿の主アルマカフにザビヤーン族の一人からの償いの奉献物を持って行き、二頭の羊を償いとして奉納するように。」

タマネギやニンニクを食してから神聖な場に入ってはならないのは、イスラームにおいても同様である。ブハーリーの『ハディース』には預言者の言葉として、「にんにくやねぎを食べた者は我々――或いは、我々のモスク――から離れていなければならない。」（牧野信也訳『ハディース』V）とある。

宗教的不浄の状態に関する碑文

次の四点の銅板に鋳造された碑文は、南アラビア北部ジャウフ地方のハラムに由来するものである。前二世紀から後一世紀にこの地域に見られる、北アラビア語の特徴を持つ「偽サバア語」で刻されている。

①ウハイヤの贖罪碑文

「ハナク族のサウバーンの娘ウハイヤはバイーン神殿のズー・サマーウィー神に告白し許しを請います。なぜならば、彼女は彼らの家と神殿において過ちを犯したので、また清浄ではない状態で公衆の面前に出たので、また彼女が気づいていようがそうでなかろうが、沢山の罪を犯したので。そして、彼女は屈辱を受け、苦悩しました。彼女が許されますように！」

②アマトアビーフの贖罪碑文

「アマトアビーフは、ズー・サマーウィー神に告白し許しを請います。なぜなら、巡礼の三日目に、月経中の状態にある彼女に男が近寄ったので、また彼は体を清めることなく出発したので（以下欠損）」

③奴隷女ハウリーヤの贖罪碑文（図Ⅱ-58）

「スライム族の奴隷女ハウリーヤはバイーンの主ズー・サマーウィー神に告白し許しを請います。なぜなら、彼女は穢れた外套と穢れた毛の服を身に付け、その過ちを彼女の主人たちに隠していたので。そして彼女は罪を犯したものの、屈辱を受け、苦悩したので、ズー・サマーウィー神が彼女に恩恵を以て報いてくださいますように。彼女が許されますように！」

④ハラムの贖罪碑文

「サウバーンの息子ハラムはズー・サマーウィー神に告白し許しを請います。なぜなら、彼は禁じられた期間に月経中の女性に近づき関係を持ったので、そして、産褥期の女性と関係を持ったので、そして清浄ではない状態に入り、彼の服が清浄でない状態のままであったので、そして生理中の女性に触れ、体を清めなかったので、そして彼の服を精液で汚したので。彼は屈辱を受け、苦悩しました。神が報いてくださいますように！」

図Ⅱ－58　奴隷女ハウリーヤの贖罪碑文（Robin 1992a: pl. 12a）。

①と③では、宗教的不浄な状態のまま外に出て、それを周囲に伝染させたこと

が、②では、巡礼中の男性との月経中（＝宗教的不浄の状態）の性的関係が、④では男性が「禁じられた期間」に月経中および産褥期の女性に触れたり関係を持ったりして、体を清めなかったことが贖罪の理由となっている。④では男性が女性たちと関係を持ったのが禁じられた期間であって、体を清めなかったことが問題視されているようにもとれるが、そもそも、月経中および産褥期の女性との性交渉自体が禁止されていたことがその他の贖罪碑文から明らかである。したがってこの男性は、三重、四重に罪を犯していたということになる。

月経・産褥期にある女性が宗教的不浄の状態にあること、そして彼女たちとの性交渉が禁じられていたこと、巡礼などの特定期間に女性との接触が禁じられたこと、性交渉の後には体を清めるまで宗教的不浄の状態にあること、宗教的不浄の状態で神殿に入ることが禁じられていたこと――これらの定めはイスラームと共通しているばかりか、古代中近東世界に広く共通するものである。しかし、古代南アラビアではイスラームと異なり、妻ではない複数の女性との姦通自体は大きな罪ではなかったように見受けられる。というよりも、妻という概念がまったく現代とは異なるため、それが姦通にすらあたらないのかもしれない。ストラボンは、南アラビアの婚姻制度について次のような記述を残している。

「女人もひとりが全員の妻となり、先に入ったものが戸口に杖を立てて交わる。すなわち、誰もが杖を持たなければならない慣わしである。ただし、その女人は長老のそばで夜を過ごす。

したがって、（生まれた子は）全員が兄弟同士である。［改行］母親とさえ交わるが、不義を犯したものへの罰は死刑であり、不義は同族でないものを相手にしたばあいを指す。」（飯尾都人訳『ギリシア・ローマ世界地誌』一六・四・八・二五）

もし、ストラボンの記述どおりであったならば、同族の女性であれば誰を相手にしようと、それは罪ではなかったということになる。古代南アラビアの婚姻制度や女性の権利に関して得られる手がかりは碑文にはわずかしか存在しないうえ、その解釈にもまだ見解の一致が見られない。しかし、ある女性は、家を建て、さらに彼女の二人の夫と子供たちを金銭的に援助していたことを刻んでいるので、少なくとも古代南アラビアにおいて女性の財産がまもられ、社会的・経済的に独立した女性が存在したことが窺われる。

また、宗教的不浄の状態が、その者の周囲をも穢すことになるという考えはユダヤ教と共通しているが、イスラームではそうではない。宗教的に不浄な状態が伝染するということになると、その当人は汚染の源であるから人前に出ることは許されない。したがって、古代南アラビアでは、月経中や産褥期の女性は外に出ることができず、隔離されて過ごすことを余儀なくされていたことになる。

ちなみに、ユダヤ教が南アラビアに広まるのは四世紀以降のことであり、これらの贖罪碑文の時代の南アラビアはまだユダヤ教文化に触れていない。性交渉によって宗教的に不浄な状態になること、さらに不浄さが接触によって周囲のものに影響を及ぼすという考えは、メソポタミアにも存在し、ヘロドトスもそれについてバビロンとアラビアに共通する習慣として言及している。

「バビロンの男は妻と交わった後は、必ず香を焚いてその傍らに坐り、妻も向い合って同じようにする。夜が明けると夫婦とも体を洗う。体を洗う前はどんな容器にも触れないことになっているのである。なおアラビア人もこれと同じことをする。」（松平千秋訳『歴史』一・一九八）

宗教的な清浄・不浄の概念は、古代オリエントのセム系の人々の間に広く存在していたということがわかる。

また、興味深いことに、古代南アラビアの贖罪の碑文で使われている用語はイスラーム法で使用されるアラビア語のそれとほぼ同じである。ここに碑文で使用されている四つの表現を例示しておく。

・「ヤグタスィル」（体を清める）……女性と交わった後、体を清めなかった（ラム・ヤグタスィル）ことが問題とされているが、この言葉はアラビア語のヤグタスィル（完了形イグタサラ）「大沐浴（グスル）をする」「体を洗う」と同一である。イスラームでは二種類の不浄の状態がある。一つ目は排泄、放屁、睡眠などによるもの（小ハダス）で、これは小沐浴（ウドゥー）によって取り除くことができる。もう一つは月経、産褥期の出血、性交によるもの（大ハダス）で、大沐浴によってのみ取り除かれる。贖罪碑文でも、大沐浴が必要とされる状況についてヤグタスィルという言葉が使われている。

・「ガイル・ターヒル」（清浄な状態ではない状態で）……イスラームにおいて宗教的清浄はタハーラと呼ばれ、その形容詞形はターヒル、そうでない状況がガイル・ターヒルである。

・「ハーイド」月経中の女性……イスラーム法で、月経中の女性、あるいはその状態にあることをハーイドという。

・「ナーフィス」（産褥期の女性）……イスラーム法の用語では、産後の女性の出血のある状態、すなわち産褥期をニファースといい、その状態にある女性はヌファサーウである。「魂」、「ステラ」をあらわすナフスとは碑文における綴りは同じであるが関係のない言葉である。

9　旅人の信仰

古いアラブの諺に、「ある町を訪れた際にはその町の神を拝みなさい」というものがある。これはまさに「郷に入れば郷に従え」と同義の「外地に赴いた折にはその土地の習慣に従うのがよい」ことをいう諺である。イスラームでなくとも一神教を信じるアラブの間にこのような譬《たと》えが存在するのは驚くべきことであるが、もしかすると多神教時代から残されている非常に古い言い伝えなのかもしれない。

古代アラビアの多神教時代を見てみると、実際にそのようなことが行われていたことがわかる。神々にそれぞれ異なった性質があり、特定の土地と結びついていたことを考えれば、これは決して不思議なことではなく、多くの多神教社会で行われていることである。

古代南アラビアの碑文史料によれば、遠隔地交易に従事する古代南アラビアの商人の行動範囲は地中海世界、エジプト、シリア、メソポタミアにまで及んでいる。多神教時代のアラビアの商人たちは、出発前には故郷の神に旅の安全を祈願する一方、旅先ではその土地の神に帰依することもあれば、故郷の神に祈願することもあった。また帰郷後は、再び故郷の神に無事の帰還を感謝する碑文を奉献するのが慣わしであった。また、特定の神が祀られた神殿に、その他の外国の神への奉献碑文が捧げられることも抵抗なく行われていたようである。ここでは、実際に南アラビア以外で発見された南アラビア出身者の碑文史料を見てみよう。

エジプトで亡くなったマイーン商人の木棺（図Ⅱ－59）

この木棺の出土地については、エジプトのファイユーム、サッカーラ、あるいはセム人の墓域のあるメンフィスであるという説があり、はっきりとしない。木棺は、装飾のない非常に簡

図Ⅱ－59　エジプトで発見されたマイーン商人の木棺。

素なものであるが、古代エジプトでは神聖な樹木とされたイチジクの一種シカモア材で作られている。側面には三行のマイーン語碑文が刻まれている。

「これはWb（組織名？）の一員であるザイラン族のザイドの息子ザイドイルのミイラと棺である。彼は、プトレマイオスの息子プトレマイオスの時代に、エジプトの神々の家（神殿）に没薬とショウブ（の根茎）を奉納した。……そしてザイドイルはハトホル月に亡くなり、すべてのエジプトの神々の家より彼らの布、すなわち彼のミイラの亜麻帯を賜った。そしてプトレマイオス王の統治二二年のコイアク月にオシリス・アピス神殿において彼のバー（霊魂）は取り除かれた（？）。そしてザイドイルは彼のミイラと彼の棺をオシリス・アピスに委ねた。彼の神殿において、神々が彼（ザイドイル）と共に在りますように。」

木棺の年代は「プトレマイオスの息子プトレマイオスの時代」、「プトレマイオス王の統治二二年」とあるが、在位二二年以上で父の名もプトレマイオスという条件を満たすプトレマイオスは、二世、三世、五世、六世、八世の五人である。さらに、マイーン王国の滅亡がおよそ前一二〇年であることを考慮すると、木棺の年代は前二六二年以降、前二世紀末以前の間頃に位置づけられることになる。

すでに述べたとおり、マイーンは南アラビアの北部に存在し、隊商交易にかかわる者が多かった。エジプトで亡くなったマイーン人の商人のためにこのような棺が用意され、マイーン語の碑文が刻まれたということは、プトレマイオス朝時代のエジプトにある程度の数の南アラビア人が存在していたことを示している。そして、ここで注目すべきことは、彼らが死者をエジプトの儀式に則って、エジプトの神々に託しているということである。

デロス島のマイーン人とハドラマウト人の奉献台（図Ⅱ－60、61）

エーゲ海のデロス島で発見された二つの奉献台には、前述の木棺の例とは異なり、南アラビアの旅人が旅先にいながらも、南アラビアの神々に対する奉献を行っていることが示されている。マイーン人によってデロス島の神殿に残された奉献台は、前一六六年に同島の港が自由貿易港となって間もない時期に残されたものとされている。碑文はギリシア語とマイーン語（古代南アラビア語の一つ）二言語から成り、この奉献台が「デロス島においてワッドとマイーンの神々に」捧げられたものであることを示している。ワッドはマイーンの国家神である。ハドラマウト人による奉献台の碑文にも、ハドラマウトの国家神であるサイーンの名が刻まれてい

図Ⅱ－61　デロス島で発見されたハドラマウト人の奉献台（Robin 1992b: 61）。

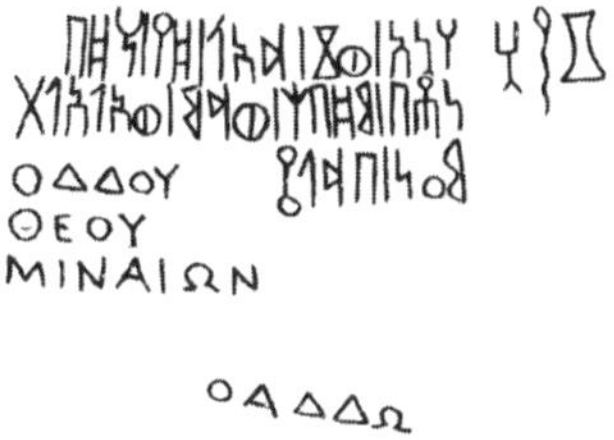

図Ⅱ－60　デロス島で発見されたマイーン人の奉献台の碑文（Robin 1992b: 61）。

る。

一方、他の地域から南アラビアにやってきた商人は、南アラビアの神殿にて、自らの神への奉献碑文を捧げることが許されたようである。サバアの都マアリブよりおよそ四〇キロ西にあるシルワーフの神殿では、二〇〇四年のドイツ考古学研究所の発掘により、北西アラビア出身のナバテア人によって彼らの神ドゥシャラに捧げられた前一世紀末の奉献碑文が発見された。この碑文はサバア語とナバテア語の二言語で併記されている。

さて、遠隔地交易に従事し、外地に赴くことの多かったマイーン人は、外国から妻を娶《めと》ることもあった。その際には、外国人妻を南アラビアの神殿に登録する必要があった。マイーン（古代名カルナウ）の神殿では、外国人女性との八四件の結婚を記録したリストが発見されている。これらは四角柱状の石碑や石板に刻まれ、文面は「何某（マイーン人男性の名）は～（地名）出身の何某（女性の名）を娶り、婚資を支払った」という形式をとる。ちなみに、八四点の碑文に見られる女性の出身地には、ガザ、エジプト、ヤスリブ（マディーナの古名）、ディーダーン、ケダル（北アラビア）、メソポタミア、遠いところでは地中海を越えてイオニアが挙げられており、マイーン商人の活動域の広さを窺い知ることができる。

この資料によって、旅を日常とするマイーンの男性は、異なった信仰を持つ外国人を妻にすることができたが、その際にはマイーンの神殿で登録を済ませる必要があったことがわかる。通常の同族同士の結婚については、とくにこういった記録が残されているわけではないので、現代と同じく古代南アラビアにおいても国際結婚には面倒な手続きが必要とされたということになる。

これらの外国人妻たちが、果たして南アラビアにやってきた後も、故郷の神々への信仰を保持することが許されたのかどうかはわからない。しかし、多神教時代は、特定の神への信仰がその他の神への信仰を妨げるといったことはなく、この点に関しては、信仰形態は非常に緩やかなものであったようである。

III　古代北西アラビアの諸都市の宗教

前一千年紀前半、アラビア半島内陸の交易ネットワークの発達とともに、北西アラビアのタイマー、ディーダーン（現在のウラー）といったオアシスには、大規模な隊商都市が成立し、南アラビアから運ばれる産物の中継貿易によって大いに潤った。この地域はエジプト、バビロニア、次いでアッシリアといった大国に挟まれた緩衝地帯でもあり、宗教に関しても南アラビアの他、それらの文明の影響を大いに受けた。カナアン地方より伝わった初期アルファベットがさまざまな形に発展してアラブの間に定着すると同時に、シリア・メソポタミアの国際語であったアラム語とアラム文字も採用された。前一世紀には、ペトラを中心に隊商国家ナバテアが興り、後一〇六年にローマに併合されるまで、宗教的にもヘレニズム・ローマの影響を強く受けながら繁栄した。

ペトラの岩窟墓。ヨルダンからシナイ半島にかけて見られる砂岩の岩山には、天然の状態で、赤、黄、白、青、黒がマーブル模様のように混ざり合っているところがある。そのような岩に彫り込まれたペトラの岩窟墓は、自然美と造形美が調和して非常に見応えがある（Gabrieli et al.: 56）。

北西アラビアのオアシス都市では、古くからオアシス農耕が営まれ、ナツメヤシなどが栽培されていた。前一千年紀のラクダを使った隊商交易が開始されると、エジプト、メソポタミア、南アラビアを結ぶ中継地点にあったこれらの町には富が蓄積し、めざましい発達を遂げた。プリニウスは、南アラビアのティムナから地中海岸のガッザまでの香料貿易の隊商の旅について、次のように述べている。

「その旅行はラクダの休息所のある六五の駅に分かれている。乳香の一定の分けまえがここでも神官たちと国王の秘書に与えられる。しかしそのほかに番兵たちとその従者たち、門番たちと下男たちも盗み取る。まったく道筋全体にわたって彼らは支払い続ける。あるところでは水に対して、他のところでは飼料に対し、あるいは休息所における宿料を、そしていろいろな物品入市税をというふうに。そこで経費は地中海岸に到着するまでにラクダ一頭につき六八八デナリウスにも上る。」（中野定雄他訳『プリニウスの博物誌』一二・六四―六五）

プリニウスの時代（一世紀）には、陸上交易路の重要性がすでに失われているはずであるが、それにもかかわらず、ここでは、アラビアの隊商都市がいかにして潤ったのかが強調されている。六八八デナリウス（銀貨）とは、アウグストゥス帝によって定められた単位で計算すると、一アウレウス（金貨）が二五デナリウスであるから、二七・五アウレウスに相当、すなわち金にして三一一・九グラムである。この数値は大まかな目安に過ぎないが、大規模な隊商では何千頭というラクダが一度に移動したのであるから、これらの町に膨大な富が蓄積したことは想像に難くない。

この章では、こういった交易都市であるタイマー、ウラーとそこに栄えたディーダーン王国とリフヤーン王国、ペトラとマダーイン・サーリフを拠点として北西アラビアを広域に支配したナバテア王国を取り上げ、それぞれの宗教について紹介する。もちろん、イスラームの二大聖地、マッカとマディーナ（ヤスリブ）もこういった隊商都市としてイスラーム以前より繁栄した町であるが、イスラーム以前の古代の状況を知るための十分な考古学資料が揃っていないため、ここでは論じない。

1 タイマー

タイマーは、マディーナの北約四〇〇キロに位置する豊かなオアシス都市である。タイマーにはビイル・ハッダージュという大きな井戸があり、古代から使われ続けている（図Ⅲ－1）。このように水資源が豊かであることから、エジプトとメソポタミアを結ぶ路とヒジャーズ地方とシリアを結ぶ路の交差点となり、その北北東約二九〇キロのドゥーマとともに重要な香料貿易の拠点として発達した。タイマーの最も古い居住の痕跡は前四千年紀にまで遡る。タイマ

図Ⅲ－２　タイマーで発見されたラムセス三世のヒエログリフ碑文（Anonym.: 63）。

図Ⅲ－１　古代から使われ続けているタイマーのハッダージュの井戸（修復前）。タイマーの繁栄の源となった豊富な水をたたえる井戸である（Department of Antiquities: 73）。

ーでの大規模な考古学的調査は一九七〇年代から始められ、さらに二〇〇四年から新たにサウジアラビア観光考古局とドイツ考古学研究所の合同調査が開始され、中期青銅器時代（前二千年紀初頭）以降の国際色豊かな歴史が明らかにされてきた。

二〇一〇年夏、同調査隊がタイマー近郊で発見したエジプト新王国時代第二〇王朝のラムセス三世（在位前一一九二〜前一一六〇年）の碑文は、サウジアラビアで発見された初めてのヒエログリフ碑文として注目されると同時に、ナイル河谷からシナイ半島を経由して北西アラビアに到達するルートの存在を明らかにした（図Ⅲ－２）。

ラムセス三世の没後、エジプトが弱体化するにつれ、タイマーにおけるアッシリアの影響力が強まった。ティグラト・ピレセル三世（在位前七四四〜前七二七年）、センナケリブ（在位前七〇五〜六八一年）時代のアッシリアには、タイマーのアラブが朝貢していたという記録が残されている。当時タイマー、ドゥーマなどの北西アラビアのオアシス都市を拠点に中継貿易で繁栄していたのはケダルと呼ばれるアラブたちで、彼らの名はアッシリアによる記録以外にも、古代南アラビア語碑文史料、旧約聖書に登場する。アッシリアの記録で最初に現れるケダルの支配者は女王ザビベであり、さらに後のアッシリアの史料には三人の女王の名がアラブの支配者として挙げられている。アッシリアから北西アラビアへの覇権を継承した新バビロニアは、前六〇五年にカルケミシュの戦いでエジプトに勝利し、北西アラビアにおける影響力を強めた。

タイマーの重要性は、前五五三年から一〇年間、新バビロニアの最後の王ナボニドス（図Ⅲ－3）がこの地に滞在していることからも明らかである。ナボニドスはバビロンの神マルドゥクから遠ざかり、タイマーにおいて古い月神シンの信仰を復活させた。この時代には神殿、町を取り囲む城壁をはじめとする多くの建造物が建てられ、アラム語による宗教的な碑文も現在に残されている。また近年の発掘調査では、この時代のナボニドス像の台座の楔形文字文書も発見されている。

ナボニドスの滞在がタイマーおよび北西アラビアに与えた宗教的影響は大きく、アケメネス

図Ⅲ－4　タイマー出土の奉献台（前6－前5世紀）。牛の角の間には円盤（太陽？）が描かれており、エジプトのアピス神の姿の影響が窺われる（Al-Ghabban: 254）。

図Ⅲ－3　新バビロニアの最後の王ナボニドスの浮き彫りの施されたステラ（Web②）。

図Ⅲ－5　ユベールがハッダージュの井戸で発見したステラのアラム語の奉献碑文（Al-Ghabban: 51）。

朝ペルシアのキュロスにより新バビロニアが滅ぼされた後も、タイマーにはさまざまな面で新バビロニアの影響が色濃く残った。新バビロニア、アケメネス朝ペルシアが当時の国際語として使用していたアラム語は北西アラビアの言語に大きな影響をもたらした。タイマーでは南セム系のタイマー文字が使用されていたが（図Ⅰ－4）、次第にアラム文字（図Ⅰ－9）がアラブに取り入れられた。

タイマーの宗教を見てみると、新バビロニア時代にはタイマーの神サルムを主神とする多神教が行われていた。サルム神の名は、翼のある日輪や牛のモチーフとともに刻されることが多いが、前者はメソポタミア、エジプトで頻繁に用いられていた宗教的モチーフである。牛の角の間には円盤（太陽？）が描かれており、エジプトのアピス神の姿の影響が認められる（図Ⅲ－4）。他の地域と同様、ここにおいても宗教儀式では香が焚かれ、さまざまな奉献の儀式が行われていた。

一八七〇～八〇年代に二度のアラビア探検を行ったユベールがハッダージュの井戸で発見したステラ（図Ⅲ－5）には、タイマーの神々としてサルムの他にシャンガラー、アシマーという名前が表されている。シャンガラーとアシマーはシリア起源の女神とされる。ステラ側面の王の図像がナボニドス時代のものに類似していると指摘されるものの、碑文学的にはこのステラが明らかにアケメネス朝時代のもので、ネブカドネザル（在位前六〇四～前五六二年）、あるいはダレイオス一世（在位前五二二～前四八六年）、アルタクセルクセス一世（在位前四六四～前四二四年）の時代のものとされる。碑文は前半部分が欠損しているが、内容は神官サルムシェジブがハガムのサルム神殿において、彼とその子孫たちがこの神殿から追放されることなくいつまでも神官職にいられるよう願い、タイマーの神々、サルムとシャンガラーとアシマーに二一本のナツメヤシの木を毎年奉納したことが記されている。興味深いことに、サルムシェジブはアッカド語的構成の名前であるが、彼の父の名前として挙げられているパトシリーはエジプト名「ペトシリス」と考えられ、タイマーにおける諸文化の融合を反映している。

また、タイマー出土の素朴な奉献台（図Ⅰ－9）は、アラブ系の人物がサルム神に奉献したもので、碑文には「生命と彼の魂のために捧げた奉献台」と刻されている。魂はネペシュという言葉で表されるが、このネペシュはタイマーの信仰における一つのキーワードである。この言葉は第Ⅱ章7節で述べた、南アラビア語で「ステラ」および「魂」を指す言葉、ナフスに相当するものである。

この言葉は、タイマーにおいてもステラの碑文に人名を伴って表されていることが多い。中でも典型的なものは、前五～前四世紀頃からタイマーに現れる「寡黙な顔」と呼ばれる口のない顔を象ったステラである（口絵10、図Ⅲ－6）。これらのステラの大半は高さが一メートルほどで、アーモンド形の目と縦に細長い鼻が浮き彫りされている。タイマーの墓域の発掘調査では、このタイ

図Ⅲ－6　タイマー出土の「寡黙な顔」と呼ばれる口のない顔を象ったステラ。「ザイドの息子タイムのネペシュ」とアラム文字で刻まれている（Al-Ghabban: 257）。

プのステラが数点発見された。さらに、「寡黙な顔」ステラにはネペシュの代わりに明らかに墓を意味するカブルという言葉が使われていることもあるので、ここでのネペシュは通常「墓のステラ」や「墓」と解釈される。おそらく、これらのステラは、死者の魂を宿らせるために墓で使用されていたもので、そこに刻まれたネペシュは「魂」から転じて「魂の宿るステラ」、「墓のステラ」を表す言葉となったのであろう。

このアラビア半島におけるネペシュ、ナフスに関連したステラの信仰は、おそらく前五世紀頃のタイマーに始まり、その後、ナバテアやパルミラ、湾岸のハサー地方、南アラビアにまで時間をかけて広がっていったものと考えられる。ナバテアのそれは偶像を伴わない石柱状のステラであり（図Ⅲ－20）、湾岸ハサー地方のそれも碑文の刻まれた石板に過ぎない（図Ⅲ－7）。シリアの交易都市パルミラ王国（二六〇～二七三年）では、死者の姿を象ったレリーフがネフエシュ（＝ネペシュ）として表されている。

ナフスと刻まれた南アラビアのステラにも、死者の生前の生活の様子などを表すレリーフが施されている（図Ⅱ－54）。南アラビアで、このような形でナフスという言葉がステラに刻まれるようになるのは後二世紀以降のことであり、北アラブ系の遊牧民がこのような宗教的慣習を南アラビアにもたらしたと考えられる。このネペシュ＝ナフスの信仰はおよそ一〇〇〇年もの間、アラブのあいだに存在した。最も新しい資料は、シリアのナマーラ（ダマスカスの南東約一〇〇キロ）で発見された、三二八年の「全アラブの王」を名乗るヒーラ（イラク南部）のラフム朝の王イムルウ・カイスの墓碑である（図Ⅲ－8）。

長期間にわたり、エジプト、そしてアッシリア、新バビロニア、アケメネス朝ペルシアの国

図Ⅲ－7　ハサー地方で出土したナフスと刻まれた石板（前4世紀頃）（Jamme: PL. XVII）。

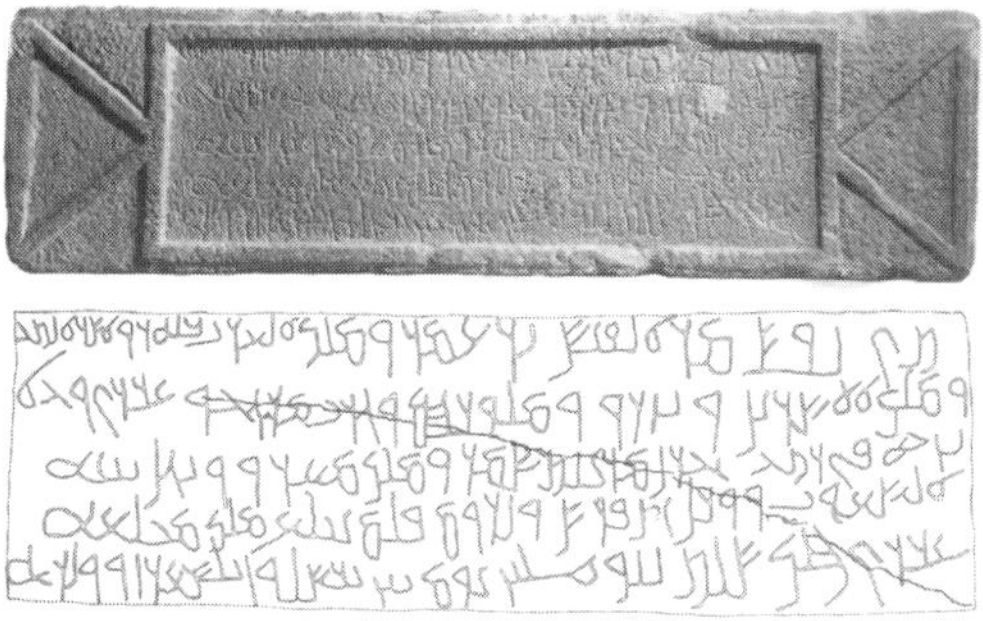

図Ⅲ－8　シリアのナマーラで発見されたラフム朝の王イムルウ・カイスの墓碑（Calvet & Robin: 265）。ラフム朝はこの王の時代にキリスト教を採用している。ナバテア文字で刻まれたこの碑文は最も古い古典アラビア語碑文の一つとしても知られる。「これは全アラブの王、アムルの息子イムルウ・カイスの墓（ナフス）である。彼は2つのシリア、ニザール族とその王たちの王となり、マズヒジュと戦いシャンマル王の町ナジュラーンの門前まで赴いて戦を交わし、マアッドの王となり、彼の息子たちと、諸部族とペルシア人とローマ人の傭兵を分け合った。彼ほどの王はかつて存在しなかった。そして彼は223年キスルール月7日（西暦328年）に亡くなった。彼の息子の不幸を（神が）補ってくださいますように。」

際的文化を美術、宗教、言語および文字の面で直接吸収したタイマーのアラブたちは、その後のアラビア半島の宗教文化に新たな風を吹き込んだといえる。

2 ディーダーン・リフヤーン王国

タイマーの南西約一一〇キロに位置するオアシス都市ウラー（口絵11）は、古代にはディーダーンと呼ばれ、タイマーと並ぶ北西アラビア最大の交易都市の一つであった。両者は前七世紀末よりライバル関係にあったようである。ディーダーンもまた、前六世紀の新バビロニアの王ナボニドスのタイマー滞在の影響を大いに受けた。

ウラーの人々は古くから優れた水路網を張り巡らせて、ナツメヤシなどのオアシス農耕を営んでいた。前六世紀になると、ここにディーダーン王国、次いで前四世紀末にはリフヤーン王国が成立し、前二世紀にナバテア王国によって覇権を奪われるまで続いた。ウラーはヒジャーズ地方を南北に走るアラビア半島の最も重要な交易路上に位置し、南アラビアからやってくる香料貿易の隊商はここを通過せずに北上することはできなかった。旧約聖書では、「シェバ（＝サバア）とデダン（＝ディーダーン）、タルシシュの商人たち、およびその富豪たち」（新共同訳『エゼキエル書』三八・一三）というように、ディーダーンが南アラビアのサバアと並ん

図Ⅲ－9　ウラーの岩壁に残された数多くの奉献碑文（Al-Ghabban: 275）。

で登場する。

ディーダーンとリフヤーンの名は、古代南アラビアのマイーンの碑文にも見られる。第Ⅱ章9節で取り上げた、マイーン人男性と外国人女性との結婚のリストには、両国の名前が女性の出身地の中に見られる。また、ウラーと南アラビアの結びつきは強く、そこにはマイーン人の共同体も存在した。

ディーダーン、リフヤーン両王国で用いられていた言語は古代北アラビア語に分類されるもので、古代南アラビア文字と同系統の南セム文字のディーダーン文字が使われていた（図Ⅰ－3、4）。ウラーの岩壁には多くの奉献碑文が残されている（図Ⅲ－9）。

ウラーの考古学的調査は第Ⅰ章2節で述べたジョサンとサヴィニャックにより一九世紀末より行われていたものの、発掘調査は二〇〇四年、キング・サウード大学によりはじめて行われ、その後現在に至るまで調査が継続されている。かつて都市の中心部であったフライバの発掘調査では三〇〇×二〇〇メートルにも及ぶ遺跡が発見され、その中央には神殿の遺構が確認された。ウラーでは、そのほかにウンム・ダラジュ山、ダナム、テル・アルカシブなどに聖域がある。

ディーダーン、リフヤーン両王国で最も信仰されていた神は、ズー・ガバートである。フライバ、ウンム・ダラジュ山、ダナムの三神殿はいずれもズー・ガバートの聖域であった。その他に、サルマーン、アブー・アーラーフ、さらにナバテア人も信仰したアッラート、ウッザー、マナートの三女神、クトゥバーも信仰された。また、ディーダーンのマイーン人たちは、彼らのワッド神やナクラフ神とともに、地元のズー・ガバート神も信仰していた。

奉献碑文は「何某はズー・ガバートに～を奉納する。神が彼にご満悦くださいますように」という定型文から成り、その多くが神殿へのラクダ、ヒツジ、農作物を税として奉納する旨を記したものである。碑文からは、男女の神官、徴税官の存在も窺える。また、像の奉納に触れた奉献碑文も見られる。

キング・サウード大学のフライバの発掘では、完形であれば高さ三メートル程度と推測される前四～前三世紀の大型の男性像が数十点発見された（図Ⅲ-10、11）。これらは建造物の玄関の下のテラス部分に壁を背にして並んでいたもので、そのうち一点にはリフヤーン王の名が刻まれていた。像の様式にはエジプトの影響が見られるが、飾り気がなく、非常にシンプルなも

図Ⅲ－10　ディーダーンで出土した男性像（前四～前三世紀）。完形であれば高さ３～４メートルと推測される（Al-Ghabban: 278）。

図Ⅲ－11　ディーダーンで出土した男性像頭部（Al-Ghabban: 280）。

図Ⅲ－12　ディーダーンのズー・ガバート神に捧げられた奉献碑文（前五～前二世紀）（Al-Ghabban: 285）。

のである。神像と考えられるものは発見されていない。その他、宗教儀式に関するものとしては奉献碑文（図Ⅲ－12）とウシの列が描かれた円柱形の香料の祭壇が発見されている。香料の奉献台はウンム・ダラジュ山の聖域からも発見されており（図Ⅲ－13）、ここにおいても香料が宗教儀式に欠かせないものとなっていたことがわかる。

その他、ウラーではライオンをモチーフとした遺物が目立つ。ジョサンとサヴィニャックもライオンの頭部の彫刻を発見しているし、最近の発掘においてもフライバからは乳をのむ仔ライオンを伴う雌ライオンのレリーフ（図Ⅲ－14）が出土した。また、岩壁のマイーン人の墓には墓を守る二頭のライオンが彫り込まれている（図Ⅲ－15）。

図Ⅲ－14　ディーダーンのフライバ出土のライオンの親子を描いた浮き彫り（Al-Ghabban: 283）。

図Ⅲ－13　ディーダーンのウンム・ダラジュ山の聖域で発見された香料の奉献台（Al-Ghabban: 273）。

図Ⅲ－15　ウラーの岩壁に造られたマイーン人の墓。墓を守る二頭のライオンが彫り込まれている。南アラビアからやってきた隊商交易に従事するマイーン人の一部はディーダーンを拠点に活動していた（Al-Ghabban: 270）。

ライオンは守護の役割を果たすモチーフであると同時に、この町のシンボルの役割を果たしていたのかもしれない。

　リフヤーン王国は五世紀間にわたってディーダーンの町を支配したが、前一世紀初頭、おそらく激しい地震による建造物の破壊がきっかけで、突如として町が放棄されたようである。これ以降、北西アラビアにおいて着々と勢力を拡大していたナバテア人の時代が到来する。

3 ナバテア王国

ナバテア人は、前四世紀頃に台頭したアラブの一派で、北西アラビアを拠点として南アラビアやペルシア湾岸、地中海との交易活動を行っていた。香料貿易の中継により富を蓄え、前一六八年にアレタス一世の下、王国を形成した。ナバテア王国の都は現在のヨルダンのペトラ（セラ）で、現在のサウジアラビアのマダーイン・サーリフ（ウラーの北方約二二キロ、古名ヒジュルあるいはヘグラ）を南の拠点とした。

ペトラは、もとは前一千年紀中葉より南ヨルダンのあたりを支配していたエドム人の町で、ナバテア人の物質文化にはその影響が色濃く残る。また、建築技術や美術に関しては、アッシリアと新バビロニアの伝統が見られる。ナバテア人の生業は、はじめは遊牧であったが、定住化とともに農耕を行うようになった。彼らの物質文化の特徴の一つである薄手の上質なナバテア土器に施された彩文を見ると、初期の時代のものは単純な幾何学文様であるが、農耕がはじまると植物文が現れるようになる（図Ⅲ－16）。

ナバテア王国は前一世紀、アレタス三世（在位前八四～前六二年）の治世下に最大版図を誇り、

図Ⅲ－16　ナバテア土器。初期の時代のものは単純な幾何学文様で、後に植物文が現れる（Markoe: 79）。

図Ⅲ－17　ゼウス、ディオニソスと融合したナバテアの神ドゥシャラ（ペトラ）（Markoe: 61）。

ダマスカスを含む南シリア、シナイ半島をも勢力下に置いた。地理的、政治的にローマ帝国とユダヤとの直接的かかわりが多く、文化的にもそれらの大きな影響を受けていた。一世紀後半になるとナバテアは、シリアに台頭した交易都市パルミラやヒジャーズ地方の他のアラブたちが勢いを増したことによって交易の要衝としての重要性を次第に失い、一〇六年にローマの属州となって滅亡した。都ペトラはローマ帝国支配下でも繁栄するが、三六三年の地震で大きな打撃を受けた後、衰退の一途をたどった。

　ナバテア王国の公式の言語は、アラム語の一派であるナバテア語である。また、文字に関してはアラム文字から変化した

図Ⅲ－18　ヘルメス、メルクリウスと融合したナバテアの神クトゥバー（ペトラ）（Markoe: 62）。

独自のナバテア文字（図Ⅰ－10）を使用していた。ちなみにこの文字は、ナバテア王国の滅亡後、アラブの間に広く普及して発達を遂げ、アラビア文字のもととなったものである。

ナバテア人の遺跡の特徴は美しい外見を持つ壮大な岩窟墓（口絵13、章扉）である。そのため、ペトラとマダーイン・サーリフは現在観光の目玉として注目を浴びると当時に、双方ともにユネスコの世界遺産に指定されている。

ナバテア人が主神としていたのはドゥシャラであり、その名はペトラにある山に由来し、「シャラ山の御方」を意味する。ナバテアにおいても特定の山を聖域とする考えが存在し、山上ではさまざまな宗教儀式が行われていた。

その他、よく信仰されていた神々は、アッラート、マナート、ウッザーといったアラブの間で広く崇拝されていた女神と、ナバテア独自のクトゥバー、カウムである。ヘレニズム・ローマ文化の到来後、ドゥシャラは次第にゼウスあるいはディオニソス（図Ⅲ－17）、アッラートはアテナ、ティケあるいはミネルヴァ、マナートはネメシス、ウッザーはアフロディーテあるいはヴィーナス、クトゥバーはヘルメスあるいはメルクリウス（図Ⅲ－18）、カウムはアレスあるいはマルスと同一視されるようになった。

ナバテア人の遺跡からは神像、人物像、動物、植物など、さまざまな彫刻が出土しているが、初期の時代のナバテア人は、具象的な表現をほとんど行っていない。ストラボンの前一世紀後半のナバテアに関する記述にも、「浮彫細工、絵画、彫刻は地元で産しない。」（飯尾都人訳『ギリシア・ローマ世界地誌』一六・四・二六）とあり、彼らの間では造形美術がつくられなかったことを示している。ナバテア人がもともと造形美術、とりわけ偶像をつくることを宗教的に禁止した集団であったのかどうかということについては数々の議論がある。しかし、考古学的資料から見ると、少なくとも、元来ナバテア人は造形美術を持たない民族であり、それに変化が現れたのは、とくに前一世紀以降、ヘレニズム・ローマ文化の影響を強く受けたためであることは事実である。

図Ⅲ－19　ナバテアの主神ドゥシャラの神殿（ペトラ）（Markoe: 215）。

初期のナバテア人の信仰を表す宗教的遺物は神殿に安置された方形の石とステラである。

ペトラでは、ナバテアの主神であるドゥシャラの神殿（図Ⅲ－19）に方形の大きな石が置かれ、それが崇拝の対象となっていた。また、ステラに関しては、岩山に直接彫られ、ステラの形が浮き彫りにされているものと（図Ⅲ－20、21、22）、独立した単体として作られているものがある（図Ⅲ－25、26）。後者は主に神殿に置かれたものであるが、幅一〇センチメートル以下の小型のものについては、携帯された可能性も考えられる。

ステラには、単なる無装飾の石板および複数の無装飾のステラが一つの壁龕に彫り込まれているもの（図Ⅲ－21）、石板に目だけを彫り込んだ「目の偶像」と呼ばれる簡素な偶像（図Ⅲ－22）等がある。第Ⅱ章7節ですでに述べた、南アラビアのステラに形状が非常に類似しているものもあるが、両者が根本的に異なっているのは、南アラビアでは、ステラの台座に信者（奉献者）の名前が刻まれているのに対し、ナバテアではウッザー、クトゥバーなどの神の名が記されていることである。

ペトラの有翼ライオンの神殿（後一世紀、図Ⅲ－23、24）で発見されたステラには、南アラビアの「目のステラ」（第Ⅱ章7節参照）に類似した目のみを表した簡素なもの（図Ⅲ－25）と、装飾的要素が加わったものが見られる（図Ⅲ－26）。後者の台座には、後一世紀後半のナバテア文字で、「ニバートの息子ハヤーンの女神」と刻まれている。したがって、このステラは女神（おそらくウッザー）の偶像として神殿の至聖所に安置され、崇拝の対象となっていたので

図Ⅲ－20　ナバテアの岩壁に彫り込まれた石柱状のステラ（Lindner: 132）。

図Ⅲ－22　石板に目だけを彫り込んだ「目の偶像」（ペトラ）（Patrich: 62）。

図Ⅲ－21　複数の無装飾のステラが一つの壁龕に彫り込まれているもの（マダーイン・サーリフ）（Al-Anṣārī & Abū al-Ḥasan 2002a: 90）。

図Ⅲ－25　目のみを表した簡素なステラ。目の周囲には穴が穿たれていることから、貴石か金属が嵌め込まれていたと考えられる（Bienkowski: 47）。

図Ⅲ－23（上）　図Ⅲ－24（下）
ペトラの「有翼ライオンの神殿」（後一世紀）（Markoe: 224）。

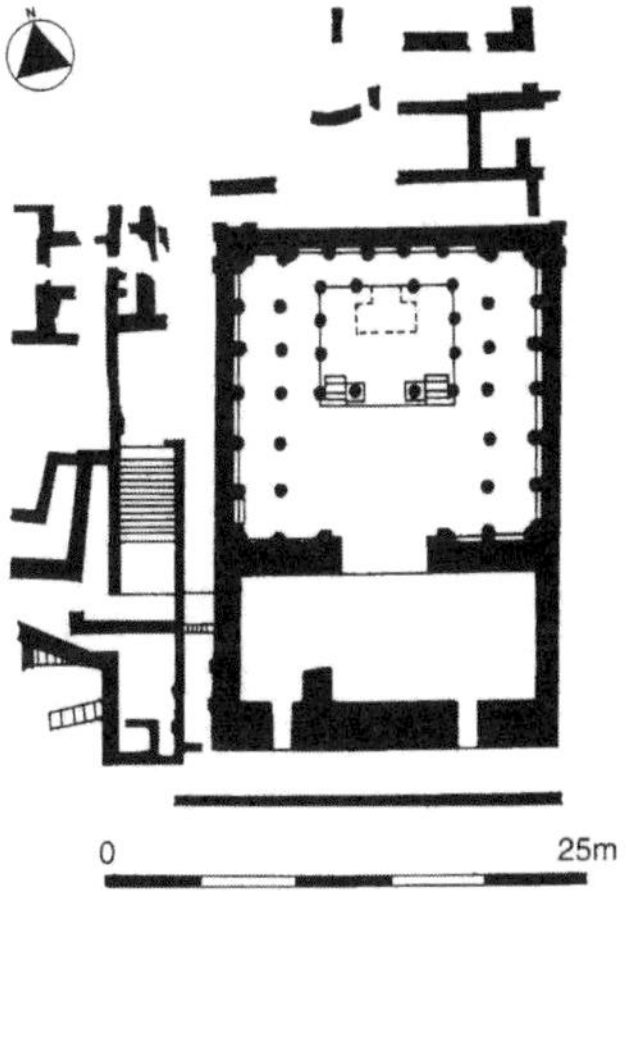

図Ⅲ－26　「ニバートの息子ハヤーンの女神」と刻まれた顔を象ったステラ。飾り輪の中央には貴石等が嵌め込まれていたのであろう（一世紀後半）（Markoe: 225）。

あろう。

このステラに関しては、第Ⅲ章1節で述べたタイマーのネペシュと呼ばれた「寡黙な顔」ステラ（図Ⅲ-6）との類似性が指摘されている。ステラの形態は、より古いタイマーのステラの影響を受けていると考えられるが、タイマーのそれは神像ではなく、死者の魂が宿るものとして作られているので、その役割は大きく異なっている。

一方、タイマーのネペシュと呼ばれるステラ（「寡黙な顔」）や、南アラビアのステラと同じように信者あるいは死者の魂が宿ると考えられたステラも、ナバテアにおいて別の形で存在した。それらは神像のステラとははっきりと異なる無装飾のオベリスク型のモニュメントとして表され、岩壁面に彫り込まれている（図Ⅲ-20）。こちらのほうは死者の魂が宿るものとされていたようである。

これまでに見てきたように、ナバテア人の間では、無装飾であろうと、簡易な顔が彫り込まれていようと、ステラや整形された方形の石が神像として信仰の対象となっていたということがわかる。また、簡素ながらもステラに目あるいは顔が表されているということは、偶像崇拝が禁止されていたとは考えられない。ナバテア人は神像を造る慣習を持っていたからこそ、ヘレニズム・ローマの文化が流入した際に、その美術様式を抵抗なく取り入れ、ギリシア風の神々の姿を描くようになったのであろう。

図Ⅲ－27　図Ⅲ－28　ナバテア人の香料の奉献台（タイマー出土、ナバテア王国支配時代）（Al-Ghabban: 261）。

さて、ナバテアでは、南アラビアのように多数の碑文史料が残されているわけではないので、日常の宗教生活に関してはあまり多くのことを知ることはできないが、香料の使用や饗宴については、ストラボンの記述と考古学資料の双方から確認することができる。

ナバテアでは南アラビアと同様、日常の宗教儀式において、香が重要な役割を果たしていた。ストラボンは、次のように記している。

「人々は住居の上に祭壇を築いて太陽を祀り、毎日祭壇に神酒を注ぎ香をたく。」（飯尾都人訳『ギリシア・ローマ世界地誌』一六・四・二六）

ナバテア人の遺跡からも、神殿での宗教儀式で用いられたと考えられる香の奉献台が発見されている（図Ⅲ－27、28）。

また、同じくストラボンの記述によると、ナバテア人は頻繁に饗宴を行っていた。

「一三人ずつが一組になって会食し、その宴席ごとに歌い女が二人つく。王は大勢の人を集めての宴席を数多く持つが、出席者は黄金造りの酒盃をつぎつぎに取り換えながら飲み、しかも一一杯を超えることはない。」(前掲『ギリシア・ローマ世界地誌』一六・四・二六)

ペトラとマダーイン・サーリフでは、このような饗宴に使われたトリクリニウムと呼ばれるコの字型のベンチを有する構造の部屋が発見されている(図Ⅲ-29)。このような饗宴も、宗教儀式の一環と考えられる。

しかし、ナバテア人の葬制についてストラボンが述べていることは、考古学的資料と大きく齟齬《そご》する。

「死者の亡きがらをごみ同然と考えているところは、ヘラクレイトスが『屍体は糞尿よりも先に外にすてた方がよいからだ』というのに似ている。だから、王(の亡きがら)でもごみ捨て場のすぐそばに穴を掘(って葬)ることもある。」(前掲『ギリシア・ローマ世界地誌』一六・四・二六)

ストラボンによると、ナバテア人は死者の扱いを重んじていなかったということになるが、いうまでもなく、実際にナバテア人が最も重んじていたのが墓である。砂岩の岩山を巧妙に彫り込んで造られた建造物のような岩窟墓の中には、大きな部屋があり、その壁面、床下などに

図Ⅲ－29　「ディーワーン」（会合の間）の名で知られるマダーイン・サーリフのイスリブ山の饗宴の間。内部にはトリクリニウムと呼ばれるコの字型のベンチがある。イスリブ山では、この他に新たに三つの饗宴の間が発見されている（Al-Ghabban: 299）。

遺体を一体ずつ埋葬するための数十の埋葬室が穿たれている（図Ⅲ－30）。ナバテアにおける墓は、宗教的というよりは、権威を示すためのモニュメントといったほうがよいのかもしれない。墓の入口上部には、墓の持ち主や年号を刻んだナバテア文字の墓誌が刻まれている（図Ⅰ－10）。

図Ⅲ－30　マダーイン・サーリフの岩窟墓の内部。部屋の壁面、床下などに数十の埋葬室が穿たれている（Department of Antiquities: 56）。

ナバテアはローマ、ユダヤとの直接的かかわりを持ち、最盛期には北西アラビアから南シリアまで版図を広げ、各地の宗教文化に接した。また、ナバテアは香料貿易の中継地として、南アラビアとも直接的接触があった。ナバテア商人は海上貿易にも従事し、地中海、上エジプトにも足を延ばしている。遊牧生活を営むアラブの一派でしかなかったナバテア人たちは、元来のアラブの簡素な信仰を土台に、ヘレニズム・ローマ文化を全面的に受け入れ、その神々とナバテアの神々とのシンクレティズム（宗教混淆）によりパンテオンを拡大していった。

四世紀以降、ペトラにはキリスト教徒が住むようになった。そこには司教座が置かれ、ナバテア人の墳墓が教会として再利用された。シナイ半島やヨルダンには多くの修道院が建立され、その影響でキリスト教化したアラブも多かった。この頃、ナバテア文字は周辺のアラブの間に広まり、シナイ半島などにもたくさんの岩壁碑文が残されている。この時期のナバテア文字の碑文には、キリスト教化したアラブの存在が確認される。

Ⅳ　砂漠の碑文に見られる神々

サウジアラビア南西部の岩壁碑文と岩絵。

古代の都市と都市を結んだ隊商路上の岩壁には、多くの碑文が残されている。これらは、交易を担った商人たち、遊牧民、遠征中の兵士などによるもので、古代アラビアで広く使用されたさまざまな南セム文字で刻まれている。このような碑文は、概して簡素なものであるが、人名や祈願文から当時信仰されていた神の名前を知ることが出来る。都市の碑文に比べれば、一碑文から得られる情報が極めて限られているが、膨大な碑文数、南アラビアからヨルダン南部に至る広域な分布を考慮に入れるならば、これらの碑文もまた、古代アラビアの宗教の一側面を語る上で欠かせない史料である。

都市を離れた砂漠に住む人々の宗教を知る唯一の手がかりは、岩壁に残された碑文である。砂漠といっても、多くの碑文が残されているのは、前一千年紀初頭以降人々の往来の激しかった南アラビアから紅海にほぼ平行に北上する内陸のルート上である。古代の旅人は岩山の間のワーディー（涸れ谷）を辿りながら都市から都市へと旅をした。

砂漠の交易路上で発見される碑文には、南アラビアの都市に住む人々が旅の途中に刻んだ古代南アラビア文字のものもあるが、多くは、砂漠と都市周辺部で遊牧とラクダ交易に従事していたベドウィンの手によるものである。これらは概して「サムード文字」「ベドウィン文字」などと呼ばれてきた古代北アラビア諸文字で、古代南アラビア文字と同じ南セム系文字に属する（図I－3、4）。「サムード」は、預言者サーリフの時代に神に背いて滅ぼされたアラブの一族の名として知られているが、「サムード文字」を刻んだ人々はこの「サムードの民」とはまったく関係がなく、偶然「サムード」と刻まれた一点の碑文が発見されたときに「サムードの民」のものと信じられ、誤って命名されてしまったというのがその由来である。

これらの南セム文字は、すでに述べたとおり、カナアン文字、原シナイ文字といった最初期のアルファベットがアラビア半島に伝わり、独自の発達を遂げたものである。細かく見てゆくと、これらには、南サムード文字、ドゥーマ文字、タイマー文字（＝サムード文字A）、サムード文字B、サムード文字C、サムード文字D、ヒスマー文字（＝サムード文字E）などがあ

図Ⅳ－1　新バビロニア王ナボニドスに言及したサムード文字Bの碑文（タイマー）（Al-Anṣārī & Abū al-Ḥasan: 22）。

る。南サムード文字とは、サウジアラビア南西部のビイル・ヒマーを中心とする砂漠地域に数多く残されている古代北アラビア文字碑文の仮の総称で、実際には刻者集団、年代の異なるさまざまな書体が混在している。タイマー文字はタイマーとその周辺で前六～前五世紀頃に用いられたもので、タイマー文字の碑文には特有の言語的特徴があることが明らかにされた。ドゥーマ文字はジャウフ地方のオアシス都市ドゥーマの周辺部で発見された三点の碑文に見られ、おおよそ一千年紀半ばのものとされる。サムード文字B、C、Dに関しては、仮の分類に過ぎず、それぞれの性質はまだ明らかではない。ただし、サムード文字Bの碑文には、新バビロニア王ナボニドスに言及したものがあり（図Ⅳ－1）、したがって年代は、前五三九年よりも前に遡ることがわかっている。また、サムード文字Dには、年号付きのナバテア文字碑文が併記された墓碑があり、それによるとこの碑文の年代は後二六七年である（図Ⅳ－2）。ヒスマー文字の碑文には、ナバテア王国のものと共通する固有名詞が多く見られるため、ほぼ同じ時代と推定される。また、サムード文字Dおよびヒスマー文字に関しては、これらとナバテア文字の両方を使いこなすアラブが存在したということがわかる。いずれにせよ、これらの碑文には明確な正書法や規則は存在せず、場合によっては各個人が気の赴くままに刻んでいるので、文字の種類には無数のヴァリエーションが見られる。文字の方向についても、横書き（右から左、左から右）に加え、縦書き、渦巻き状などさまざまである（図Ｉ－４）。

なぜ砂漠に住む人々が文字を書くようになったのか。その理由には、遠隔地交易の隊商の往来による外部世界との接触の影響とアルファベットの簡易さが考えられる。南セム文字のアルファベットは非常に簡単な文字体系で、大文字・小文字の別もなく、筆記体のように左右の文字と続けて記されることもない。すなわち、二八ないし二九の音価をあらわす記号を覚えるだけで、普段話している言葉を完全に書くことが可能となる。あるいは、すべての文字を覚えなくとも、数文字だけで自分の名前を岩に刻む

図Ⅳ－２　墓碑に刻まれたナバテア文字とサムード文字Ｄ（後267年）（Healey & Smith: Pl. 46）。

ことができるのである。

アラビア半島の中でこのような碑文がとくに密集している地域は、南西アラビアのビイル・ヒマー周辺とヒジャーズ地方の北部である。碑文の有無は、人々の通行の頻度だけではなく、岩質によるところも大きい。ビイル・ヒマー地域とヒジャーズ北部は、碑文を刻むのに最も適した砂岩であるが、ヒジャーズの南部は砂岩に比べると文字を刻むのに骨の折れる火山岩が多い。さらに、これらに加え、ヨルダン南部からサウジアラビアとの国境にかけてのヒスマー地方では、比較的小さな火山岩に高さ数センチ以下の小さな文字で刻まれたヒスマー文字碑文が多数発見されている。

1. 南西アラビアの岩壁碑文（口絵15、16）

南西アラビア最大の岩壁碑文集中地はビイル・ヒマーとその周辺地域である。先史時代の遺跡が点在することでも知られるビイル・ヒマーには七つの古い井戸があり、ここがローマ軍もアラビア遠征で通過した重要な水場「ヘプタ・プレアタ」（七つの水場）である可能性が高い。ビイル・ヒマーは南アラビアから湾岸方面とシリア方面に向かう交易路が分岐する地点で、どちらに向かう隊商もここを通過した。この地域の北東には広大なルブウ・アルハーリー大砂漠が広がる（口絵14）。ビイル・ヒマーの周辺地域には、膨大な数の古代南アラビア文字、古代北アラビア文字による碑文が密集している。研究者によってこれまでに記録された碑文は、まだほんの一部にすぎない。

この地域をテリトリーとしていた人々が使っていたと思われる古代北アラビア文字の碑文は非常に簡素で、文面からは、そこで信仰されていた宗教について知ることは難しい。これらの碑文の大半は、人名のみが刻まれたものである。しかし、セム語系の人名には神名を含むものが多く、例えば預言者ムハンマドの父の名でもあるアブドゥッラーは「アッラーの僕」を意味する。それと同じ構造で、マナート女神が信仰されている地域では、アブドマナート（マナート女神の僕）というような人名が見られる。したがって、人名を見ると、その人物が所属する集団が信仰した神々のうちの一柱を知ることができるのである。

このようにしてビイル・ヒマー地域の人名を見てみると、サアド神、サマウ神、シャムス女神、ウッザー女神、アンム神、ヤグース神、カーヒル神、ラート女神、マナート女神、ワッド神の名が含まれていることがわかった。それらのうち、シャムス、ウッザー、アンム、ラート、マナート、ワッドは南アラビアにおいても信仰されている神々であるが、ウッザー、ラート、マナートはすでに述べたように北西アラビア起源の神々である。カーヒル神はカルヤト・アルファーウの神であった。ちなみにカルヤト・アルファーウは、古代南アラビア語碑文史料の中では「カルヤ・ザート・カーヒル」（カーヒル神の町）の名で呼ばれている。また、サマウ神は南アラビアのジャウフ地方で盛んに信仰されたズー・サマーウィー神と同一の神である可能性もある。サアド、ヤグースは南アラビアでは一般的に信仰されていなかったが、カルビーの『偶像の書』はこれらの二神に言及している。それによると、サアドはジュッダとその近辺の神であり、ヤグースはマズヒジュ族の間とジュラシュで信仰されていたという。北アラブ系のマズヒジュ族はカルヤト・アルファーウを拠点としていた時期があり、またジュラシュはアスィール地方の高地の町である。いずれもビイル・ヒマーから比較的近く、『偶像の書』と碑文史料の間で辻褄が合う。このように、ビイル・ヒマーでは、隣接する諸地域・部族の神が取り入れられていたか、こういった地域からの人々の往来が頻繁であったことがわかる。

その他、これらの碑文と同時期に描かれたと思われる岩絵を見てみると、ラクダ、女性、戦士、狩猟を描いたものが目立つ。非常に頻繁に見られる狩猟を描いた岩絵は、南アラビアに存在する儀式としての狩猟（第Ⅱ章2節）と同様に、宗教的な意味を持つ可能性もある。一方、ラクダは南アラビア北部で信仰されたズー・サマーウィー神の象徴でもあるが、信仰とは関係なく単に身近な動物を描いているということも考えられる。また女性像についても描かれ方から判断すると、女神ではなく、礼拝する女性か、あるいは単に性的関心の対象としての女性を描いているという可能性もある。

2. 北西アラビアの岩壁碑文

タイマー、ジャウフなどのオアシス都市周辺のタイマー文字、ドゥーマ文字、マダーイン・サーリフ、ウラーの近辺で見られるサムード文字B、C、Dおよびヨルダン南部からサウジアラビアのタブークの北方にかけてのヒスマー文字の碑文には、日常の感情・出来事、恋愛、死、戦争について言及する簡素なテクストが見られる。しかし、個々の碑文が短い分、碑文の解釈には大いに議論の余地がある。

碑文に見られる神名は、ルダー神、ラート女神が多く、その他にもあまり知られていないさまざまな神名が見られる。次のサカーカで発見された祈願文には、ルダーを筆頭に三柱の神が挙げられている（図Ⅳ-3）。

「ルダー、ヌハイ、アスタルサムよ、私の恋についてお助けください！」

これらの神々については、アッシリア王エサルハドン（在位前六八一～前六六九年）による非常に興味深い記述が残されている。エサルハドンはアッシリア最盛期の王の一人であり、彼の時代にその領土はエジプトにまで拡大している。彼の父、アッシリア王センナケリブが北アラビアのドゥーマト・アルジャンダル（アドゥッマートゥ）を征服した際に、アラブの女王イスカッラートゥとともに、そこにあった神々の像を戦利品としてアッシリアに持ち帰っていたという。そして、あるときニネヴェのエサルハドンのもとに、ハザイルというアラブの王がたくさんの贈り物を持ってやってきた。以下はエサルハドンの言葉である。

「……(ハザイルが)私の足に接吻し、彼の(神の)像を返してくれるよう哀願したので、私は彼に慈悲をかけてやった。私はアラブの神々、アスタルサマイン、ダイ、ヌハイ、ルルダイウ、アビリッル、アタルクルマの像の損傷を修復し、それらの上に我が主アッシュール神の力の(優越性を賛美する)碑文と私の名を刻んでから、彼に返してやった。父の宮廷で育ったタルブアを彼らの女王とし、彼女の神々とともに故郷に帰してやった。」

先の碑文のアスタルサムは、アッシリアの史料ではアスタルサマインというアラム語形で言及されている。アスタルサマインは「天のアスタル」を意味すると推測されるが、神の性別ははっきりとしない。また、アッシリアの史料のルルダイウは、おそらくルダーを示すのであろう。

同じくサカーカでは、アッラーへの祈願文も発見されている(図Ⅳ－4)。

「アッラーがサーリムを覚えていてくださいますように。」

アッラーへの一神教は、イスラーム以前のアラブの間にすでに存在していた。現に預言者ムハンマドは、啓示が下る以前からアッラーだけを信仰し、アッラーのために洞窟で瞑想してい

図Ⅳ－3　サカーカの祈願文。ルダー神など三柱の神が挙げられている（Winnett & Reed: 207）。

図Ⅳ－5　ヒスマー文字碑文（Fujii & Tokunaga: Fig. 14）。

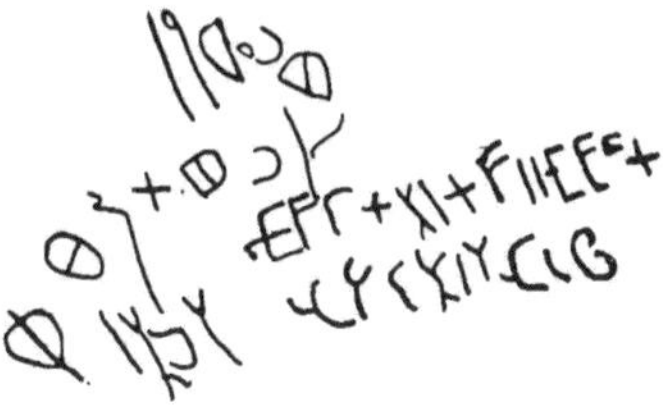

図Ⅳ－4　サカーカのアッラーへの祈願文など（Winnett & Reed: 207）。

図Ⅳ－6　タイマー近郊のグナイム山の山頂には多くの碑文と岩絵が残されている（Department of Antiquities: 80）。

た。この一神教については次章にて詳述する。

また、ヒスマー文字の碑文に限って見てみると、比較的長い祈願や呪いのテクストも存在する（図Ⅳ－5）。これらの碑文を残した人々は、山を聖所として、そこに祈願文や呪いの碑文を奉納する慣習があったようである。彼らが信仰していた神々にはラート、ウッザー、マナート、ドゥシャラ、クトゥバー、ヤグースである。ヤグース以外は、ナバテアの神々もしくはナバテア人も崇拝していた北アラビアの神々である。

北西アラビアのこういった碑文と同時代に描かれた岩絵を見てみると、ウシやラクダ、ガゼルの他に人物の顔などがある。しばしば、それらが神や女神を表したものと見なされることもあるが、いずれも決定的な証拠に欠ける。タイマー近郊のグナイム山のように、山頂に多くの碑文と岩絵が残されている山があり、特定の山が聖域とされていたことが窺われる（図Ⅳ－6）。しかしながら、岩絵の芸術性は先史時代のものに比べると劣り、粗雑なものが多い。この頃の人々の関心は、絵を描くことよりも、文字を刻むことに向けられていたようである。

V　イスラーム以前の一神教

サウジアラビア東部に現在も残る四世紀教会の遺跡
(Robin 1992b: 149)。

古代末期のアラビアでは、前一千年紀初頭から長らく続いた多神教に代わって、一神教の影響力が強くなる。特に四世紀には、ローマ帝国の迫害によるディアスポラでアラビア半島に移住したユダヤ人がもたらしたユダヤ教に加え、シリアやメソポタミア、東ローマ帝国及びエチオピアのアクスム帝国からの移民や布教活動によってキリスト教が広まっていた。イスラーム前夜のアラビア半島は、東ローマ帝国とサーサーン朝の対立の縮図でもあり、部族や国家にとっての宗教は政策的意味合いを多分に含んでいた。一方、ヒジャーズ地方には、イブラーヒーム（アブラハム）の信仰した主にのみに仕え清貧生活を送る一神教徒も存在した。本章ではイスラームを受け入れるに至る古代末期のアラビア半島の宗教的背景について述べる。

イスラーム以前のアラビアの宗教というと、多神教・偶像崇拝がとかく強調されがちであるが、古代末期、すなわちイスラーム前夜においては一神教が優勢であった。アラビアは北に東ローマ帝国（キリスト教）、東にサーサーン朝ペルシア（ゾロアスター教）、南西にエチオピアのアクスム（キリスト教）という巨大な諸勢力の狭間にあり、また半島内にはユダヤ教徒、キリスト教徒、その他の一神教徒、多神教徒が存在したため、当時のアラビアの諸王朝にとって宗教の選択は国際的政治的にかかわる大きな問題であった。

イエメンの高地を拠点とするヒムヤルは、二七五年頃にサバアを、次いで三世紀末にはハドラマウトを併合し、同時におそらくは西の沿岸部のアビシニア（エチオピア）人も駆逐し、歴史上初めて南アラビアを統一した。とはいえ、広い領域をまとめるのは容易なことではなく、ヒムヤルは、とくにハドラマウト地方には統一後も幾度も遠征軍を送っていた。

ヒムヤルが南アラビア統一に向けて勢力を拡大してゆく間、前一千年紀前半より長く続いた南アラビアの多神教崇拝に変化が見られるようになった。第Ⅱ章4節で述べたように、これまで奉献碑文の末尾の祈願文には、多くの神々の名が書き連ねられていた。ところが三世紀初頭より、マアリブのサバアの国家神アルマカフを祀ったアッワーム神殿の奉献碑文に、主神であるアルマカフ以外の神々への言及が一切なされなくなる。単にこの変化を、この神殿がアルマカフ神信仰のために特化されるようになったと解釈することも可能であるが、これに続く四世紀の南アラビアにおける新たな一神教の出現と合わせて考えると、決して無視することのできない出来事である。

四世紀になるとヒムヤル帝国の碑文には、「天の主」と呼ばれる神が現れ、この神が単独で信仰されるようになる。四世紀半ば過ぎの時期は、多神教から一神教への移行期であった。教会史を編纂したフィロストロギウス（三六八〜四三九年頃）は、三四〇年頃の南アラビアでは、まだ多神教の儀式が行われているものの、ユダヤ教徒の影響力が強くなっていることを記している。多神教の放棄を示す初めての碑文史料は、ヒムヤル王サアラーン・ユハヌイム（在位三二四〜三七五年頃）が息子（おそらくマルキーカリブ・ユハアミン、在位三七五〜四〇〇年頃）と共同統治していた三六三年あるいは三七三年のもので、さらに次のマルキーカリブと彼の二人の息子たちとの共同統治時代の三八四年の二つの碑文においても「天の主」への祈願のみが記されている。サアラーン王のそれ以前の碑文は断片的なものばかりで、宗教的背景を知ることができないため、これより以前に多神教が放棄されていた可能性もある。

マアリブのアッワーム神殿への定期的な巡礼はサアラーンの在位末期まで実施されていたようであるが、この時期の同神殿の奉献碑文には王家のものはなく、個人によるものに限られている。しかし、その後間もなくして、遅くともマルキーカリブの治世初期には、アッワーム神殿は廃棄された。他の多神教の神殿についても同様で、神殿とその財産、神官組織が解体されたと考えられる。

また、この「天の主」の一神教とともに、碑文で使用される宗教用語にも変化が見られるようになる。「天の主が［祈りを］聞き届けてくださいますように」という表現で使われる動詞ヤスマウ（聞き届ける、叶える）、サラート（礼拝）、ザカート（喜捨）など、その後イスラームにおいて基本的な宗教用語あるいは表現として用いられることになる用法が、五世紀の初めごろから碑文に登場するようになる。これらは、アラム語においてすでに使用されてきた言葉でもある。イスラームにおいてサラートとザカートは、信仰告白、断食、巡礼とともにムスリムの義務である五行に含まれる。すでにこの時代に、これらの言葉が南アラビアにおいて宗教的な意味で使われていたということは、非常に興味深い事実である。しかし、同時代の北西アラビアの一神教徒がこれらの言葉を使用していたのかどうかは、碑文史料が存在しないため明らかではない。

さて、唯一神を示す「天の主」について見てみると、ここでは「天」が単数形で表されている。東地中海のセム系の人々に広く信仰されたフェニキア人の神で、シリアの隊商国家パルミラでは主神としてゼウスと同一視されて崇拝されたバアルシャミンも「天の主」を表すが、こちらの「天」は複数形である。イエメン北部のジャウフで信仰された神ズー・サマーウィーも「天の主」の意味であるが、「天」は同じく複数形である。ちなみに、イスラームにおいてアッラーも「天と地の主」と称されるが、ここでも「天」は複数形で七層の天を指す。したがって、この単数形の「天」の主というのは、中近東では極めて特異である。

こうして、南アラビアには四世紀末までに、一神教の時代が訪れた。それより以前に移住してきたユダヤ教徒たちはすでに定着し、南アラビアの民の中にも改宗してユダヤ教徒になった者も多かった。その一方で、四世紀の南アラビアには、キリスト教も伝来した。ヒムヤル王家は明らかにユダヤ教の影響を受けているが、その一方でキリスト教徒にも非常に好意的に接している。しかし、王国自体はユダヤ教でもキリスト教でもない一神教というニュートラルな立場を保っている。後にヒムヤル王国は公式にユダヤ教を表明することになるが、それには六世紀前半を待たねばならない。

一方、北西アラビア(ヒジャーズ)は、キリスト教徒、ユダヤ教徒の多いシリア・パレスチナに近く、経済的にも彼らとの密接なかかわりがあった。ヒジャーズにはユダヤ教やキリスト教に改宗したアラブもいたが、それ以外にユダヤ教、キリスト教のいずれにも属さない一神教の信仰が存在した。これは、アラブの間に古くから存在したイブラーヒーム(アブラハム)の主のみを信仰する一神教であり、こういったイブラーヒームに始まる一神教の信者はクルアーンではハニーフ(複数形はフナファー)と呼ばれている。キリスト以降、イスラーム以前の時代にも、こういったアラブの伝統的な一神教を信仰する人々がおり、彼らはアフル・アルタウヒードとも呼ばれている。イスラームの預言者伝の中では、彼らもハニーフとして扱われる。

このような人々は偶像崇拝を行わず、キリスト教の修道僧のような禁欲的な隠遁生活を送っていたが、キリスト教徒の地域に移住すると、キリスト教徒に同化する場合が多かった。イブン・イスハーク（七〇四～七六七あるいは七七九年）の預言者伝においてハニーフとして挙げられている四人のうち、三人はキリスト教徒である。ワラカ・ビン・ナウファルはムハンマドの最初の妻ハディージャの従兄で、キリスト教の修道士であった。彼は、ムハンマドが預言者であることを見抜いた最初の人物である。ウバイドゥッラー・ビン・ジャフシュはムハンマドの初期の支援者で、六一五年にアビシニアでキリスト教徒となった。ウスマーン・イブン・アルフワイリスはコンスタンティノープルに行き、キリスト教徒になった。ザイド・ビン・アムル・ビン・ヌファイルだけがユダヤ教もキリスト教も拒絶し、真の宗教を求めてシリアとメソポタミアに赴き、イブラーヒームの主のみを信仰する一神教徒として亡くなった。彼は、まだ若かったムハンマドが偶像崇拝を行うのを諫めたとも伝えられている。

また、マスウーディーによると、預言者ムハンマドがマディーナを征服した際、そこにはアブー・アーミル・アルアウシーという修道士のような出で立ちの一神教徒の族長がいたという。彼は、預言者と長い議論を交わした末に五〇人ほどの若者を率いてマディーナを発ち、シリアでキリスト教徒として亡くなったという。

このように、三世紀あるいは四世紀以降、南アラビアと北西アラビアの双方に、ユダヤ教・キリスト教以外に、それらいずれにも属さない一神教が存在したわけであるが、同じ一神教とはいえ、両地域の一神教の性質には大きな違いが見られる。南アラビアについては、まず三世紀に一神教的傾向が現れ、その後四世紀半ばに「天の主」の一神教が出現する。三世紀のものは、要因ははっきりとしないものの、古来の神アルマカフへの信仰の延長線上にあるものにすぎず、四世紀半ばに現れる一神教とはまったく異なるものである。しかしながら、三世紀のアルマカフ神への一神教的傾向によって、四世紀以降に人々が一神教の諸宗教を容易に受け入れられるような精神的基盤がつくられたのであろう。四世紀以降の南アラビアの一神教に関して見てみると、これをアラブの伝統的な一神教と結びつける研究者もあるが、むしろユダヤ教の影響を受けた「天の主」の一神教であり、その裏側には広域な領土を支配するヒムヤル王国の政治的な意図が感じられる。とりわけ、この一神教の採用は、アクスムがキリスト教を取り入れて東ローマ帝国と手を結んだ直後のことであり、この新たな脅威に対抗すべく、ヒジャーズとメソポタミアのユダヤ教徒コミュニティーと同盟を結ぼうとしたためと推測される。

一方、北西アラビアのイブラーヒームの主のみを信仰する一神教は、偶像崇拝を避け、禁欲的な隠遁生活を通してより精神的なものを探求する純粋な宗教のようである。そこには政治的思惑が感じられない。しかし、このアラブの伝統的な一神教に関して伝えているのはイスラーム以降の文献史料だけであり、信仰生活の実態を示す考古学的資料は現在のところ発見されていない。ただし、預言者ムハンマドは、啓示を受ける以前よりマッカ近郊のヌール山のヒラー洞穴（口絵17、18）に籠って瞑想を行っており、他のイブラーヒームの主の一神教の信者たちも同様の形で信仰を実践していたと考えられる。このヒラー洞穴は、ムハンマドに初めてアッラーの啓示が下った場所として、現在も訪問者が絶えない。

1　アラビア半島のユダヤ教

アラビア半島へのユダヤ教の伝播は、アラビア半島へのユダヤ人の移住にはじまるが、それは一度に起こったことではない。ユダヤ人のパレスチナからのディアスポラ（離散）は、前五九七年に新バビロニア王ネブカドネザルが、エルサレムから三千人ほどのユダヤ人の有力者とその子供たちをバビロニアに連れ去った「バビロン捕囚」に始まる。そして、前五五三年に新バビロニアの最後の王、ナボニドスがタイマーに居を移すにあたっては、ユダヤ人の預言者を助言者として同行させていたことが知られている。当時のバビロンには、バビロン捕囚以来のユダヤ人とその子孫がおり、彼らの一部はナボニドスとともにアラビアに連れてこられたはずである。とはいえ、ユダヤ人のアラビアへの大規模な移住はローマ時代のもので、アラビア半島のユダヤ人のルーツは、主にはそこに帰することができる。ローマ軍との七〇年の戦い（第一ユダヤ戦争）によりユダヤのヘロデ王が建立したエルサレム第二神殿が破壊され、一三六年のバル・コホバの乱（第二ユダヤ戦争）で敗北した後、ユダヤ人の一部はローマによる激しい迫害から逃れてアラビアに入り、ヒジャーズ地方とイエメンに定着した。これらのユダヤ人の影響を受け、後に多くのアラブがユダヤ教に改宗した。元来ユダヤ教は、ユダヤ人の選民思想に基づくユダヤ人のための宗教であり、一般的にはユダヤ教徒＝ユダヤ人と考えられている。しかし、実際のところ、アラビア半島のユダヤ教徒の大半はこういったアラブの改宗者たちで、実際のユダヤ人の末裔はほんのわずかだった。彼らは、アラブの部族でありながらも、同時にユダヤ教徒であった。現代のアラビア語において「ユダヤ教徒」と「ユダヤ人」は、言葉のうえでは同じヤフーディーである。ところが、古代南アラビア語碑文では、南アラビアの改宗ユダヤ教徒は自らをヤフーディー（複数はアイフード）という語で表し、一方でユダヤ人については「イスラエルの民」と呼んで区別することがあった。

預言者の聖遷（ヒジュラ、六二二年）の時のマディーナには、多くのユダヤ教徒が住んでいたことが知られている。当時のマディーナの主要五部族のうち、三部族がユダヤ教徒であった。しかし、そのほかのヒジャーズの都市には、タイマーとハイバルを除き、ユダヤ教徒はほとんど定着しなかった。このようなユダヤ教徒の集団内では「ユダヤ語」（ヤフーディーヤ）が話されていたというが、興味深いことに、当時それはアラビア語の方言の一つと見なされていた。「ユダヤ語」の特徴は文字と語彙にすぎず、預言者の書記係を務めたザイド・ビン・サービトは、ユダヤ教徒からの書簡を読むために、わずか一七日間でこの言語をマスターしたという。

ちなみに、クルアーンのアラビア語にはさまざまな部族の方言、イエメン、エチオピアの言葉やユダヤ語やアラム語などの語彙、表現が数多く含まれていることが指摘されているが、これを、アッラーが「アラビア語でクルアーンを啓示した」(『聖クルアーン』一二・二)ことに対する反証として挙げる非ムスリムの研究者もいる。しかし、これは逆に捉えられるべきであろう。当時、国際的商業ネットワークの中にあったヒジャーズの文化は、非常に多彩なものであった。アラブの中にはユダヤ教徒、キリスト教徒、その他の一神教徒もいれば多神教徒もいた。まさにこの多様性が当時のアラブの文化の特徴であり、彼らの話す多様な語彙すべてを包含する広大な言語こそがアラビア語なのである。そして実際、当時のアラブは、そのような言葉から成り立つクルアーンを理解したのである。

さて、北西アラビアのユダヤ教徒に関しては、イスラーム時代の文献から垣間見ることができる以外には史料と呼べるようなものがほとんど残されていないが、南アラビアのユダヤ教徒に関しては、同時代史料が存在する。

まず、ローマ帝国の迫害などによるディアスポラでイエメンにやってきたユダヤ人の存在は、サヌアー近郊の村バイト・ハーディルで発見された、ヘブライ語・ヘブライ文字による碑文から明らかである。この碑文は柱に刻まれており、その内容は旧約聖書（『歴代誌上』二四・七〜一八）で言及されているユダヤの祭司組織のリストと一致している。シリア・パレスチナで発見されている碑文史料では、このリストは断片的にしか確認されていないので、この南アラビアで発見された碑文は祭司のリストを完全な形で残している唯一の史料となっている。

さて、前節では、四世紀半ば以降のヒムヤルにおける一神教について述べた。ヒムヤル王が公然とユダヤ教の信仰を明らかにするまでの間も、領内においてユダヤ教は、とくに貴族階級の間に急速に広まっていった。サヌアーの北方全域を支配するバヌー・ハムダーンは五世紀前半にはユダヤ教化し、イエメン南部のバヌー・ハズバもまたユダヤ教徒であった。

そして、六世紀前半にユースフ・アスアル（アラビア語史料ではズー・ヌワース、在位五二一〜五二五年）が王位に就くと、彼はこれまでのヒムヤル王たちの政策から一転し、ユダヤ教をはっきりと表明した。その背景には、拡大するユダヤ教徒の圧力だけでなく、領内のキリスト教徒の増加と、彼らが東ローマと手を結んだアクスムに与することを恐れる危機感があったと考えられる。そして、ユースフ・アスアルはユダヤ教を掲げて、領内のアビシニア人、キリスト教徒を迫害する。これに関しては次節で詳しく述べるが、結果として、ユースフ・アスアルはアクスムにイエメン遠征の口実を与え、アクスムに討たれ、イエメンはしばらくアビシニア人の支配下におかれることになる。

ヒムヤルが公式にユダヤ教を表明した後には、東部の有力部族バヌー・ヤズアンも改宗した。伝承では、このバヌー・ヤズアン族のサイフ・ビン・ズィー・ヤズアンがペルシアに援軍を要請し、イエメンからキリスト教のアクスム勢力を一掃したとされる。彼の活躍を描いた架空の物語は、後のアラブ・ペルシア世界に広く普及した。

一神教の時代になると、多神教時代の神殿が使われなくなるのと同時に、以前のように神殿に奉献碑文を奉納する習慣がなくなったため、碑文の総数は極めて少なくなる。ユースフ・アスアル王の遠征に関する碑文を含め、この時期のユダヤ教徒の碑文はこれまでに数点発見されている。また、たとえ碑文でユダヤ教をはっきりと表明していなくとも、ユースフ・アスアル王以前のヒムヤルの一神教も、五世紀のある時期からは実質的にはユダヤ教であった。ヒムヤルの一神教の碑文では、五世紀半ばより、ユダヤ教徒と同じく、唯一神をあらわす表現として「天の主」または「天と地の主」に加えて「ラフマナーン」（慈悲深き御方）が用いられるようになる。「いと高きにおわすラフマナーン」のように形容辞が付けられているものも見られる。「ラフマナーン」はイスラームにおけるアッラーの御名の一つ「ラフマーン」に相当するものであり、アラビアではユダヤ教徒だけでなくキリスト教徒、さらには預言者ムハンマドの時代にヤマーマにいた、偽預言者として知られるムサイリマ（マスラマ・ビン・ハビーブ）もこの語を使用していた。また、「神」をあらわす「イル」、「イラーン」、「イラーハーン」、「アアルハーン」も「天の主」、「天と地の主」といった表現とともに用いられたが、こちらに関してはキリスト教徒が使用している例は発見されていない。その他に、ユダヤ教徒特有の神の呼称として、「ユダヤ教徒の主」がある。ここに、一例として実際のユダヤ教徒による碑文を挙げておこう。

「天と天にましますラフマーンの御名とイスラエルの民と彼らの主、ユダヤ教徒の主――彼の僕のシャフルとその母バダと妻シャムスと夫妻の息子たち、ダンマームとアビーシャアルとミスルと彼らの傍のすべての人々……をお助けくださった御方――が祝福し［てくださいますように］、そして［彼に］祝福あれ。」

人名に関しても、これまでの南アラビア独特の名前に代わって、ユースフ（ヨセフ）、ヤフーダのような、ユダヤ系の人名が見られるようになる。南アラビア人の改宗ユダヤ教徒による碑文は古代南アラビア文字で刻まれているが、部分的にヘブライ文字とヘブライ語が使用されている例もある（図V-1）。

かつて数多く存在した多神教の神殿はすでに棄て去られ、新たにシナゴーグ（ユダヤ教の神殿）が各地に建設された。多神教時代の神殿や聖域を表すのに使われたさまざまな言葉がほとんど使用されなくなり、それに代わって、神殿を表す新たな言葉――マスギド、ミクラーブ、

図Ｖ－1（上＝全体、下＝部分）
ユダヤ教徒による碑文。古代南アラビア文字で刻されているが、モノグラムの周囲にはヘブライ文字で、刻者名に続いてヘブライ語の祈禱の文句「アーメン、シャローム」が刻まれている（119a　Robin 1992b: 145、119b 同:30）。

カニーサ、カリース、バアト（ビイト）――が登場する。これらのうち、カリースとバアトはキリスト教の教会を指す言葉としてのみ使われるが、そのほかは一神教時代の神殿あるいはユダヤ教のシナゴーグを指す。マスギドはアラビア語のマスジド（モスク）に相当する言葉である。これを後期サバア語に入ったアラビア語からの借用語とする説とアラム語由来の言葉とする説があるが、いずれにせよその文字どおりの意味は「平伏の場」、すなわち「礼拝の場」である。また、対岸のエチオピアでもゲエズ語に「礼拝の場」としてその相当語（メス

ガード）があり、そして同じくエチオピアのユダヤ教徒（ファラシャ）もマスジドを「礼拝の場」「シナゴーグ」の意味で使用している。

ミクラーブについて見てみると、ゲエズ語では、これに相当する語メクラーブが、シナゴーグおよびエルサレムの神殿を指す語として使われている。プトレマイオス（九〇〜一六八年）の『世界地誌』には、マコラバという地名がアラビアの都市の一つに挙げられている（図V-2）。マコラバは音からして、ミクラーブと関連づけずにはいられない名前である。実は、このマコラバをマッカに同定するか否かで、研究者の間ではさまざまな議論が戦わされてきたが、決定的な結論には帰着していない。

カニーサは、アラビア語においても教会を表す言葉として存在する。五世紀後半のヒムヤルの碑文では、この言葉がシナゴーグの一部としての集会場の意味として使われているが、アラム語あるいはシリア語起源の外来語である。

アラビアのユダヤ教徒の宗教儀式については、多神教時代のように奉納物や奉献碑文のような後世に明らかな痕跡の残る奉納の儀式も行われないため、あまり多くのことがわかっていない。埋葬の習慣については、ユダヤ教徒は専用の墓地を持っていたようである。ヒジャーズにおいても同様で、ユダヤ教徒の数の極めて少ないマッカにおいても、ユダヤ教徒専用の墓地が存在したといわれる。前述のバヌー・ハズバ族の碑文には、墓地に「アラム人」（シリア出身のキリスト教徒）が入ることの許されないユダヤ人専用区画がシナゴーグの認可のもと作られたことが記録されている。

アラビア半島のユダヤ教徒は、ヒジャーズ地方においても南アラビアにおいても堅固なコミュニティーを形成していた。これはヒジャーズにおいて何ら組織的なものを持たなかったキリスト教徒や北西アラビアの伝統的な一神教徒と大きく異なる点である。

イスラームが興ってもなお、ユダヤ教徒たちは彼らのコミュニティーの中で信仰を守り続けた。ヒジャーズ地方では、ハイバルがユダヤ教徒の町として知られ、その他ワーディー・アルクラーとタイマーにもユダヤ教徒が存在した。

図Ⅴ－２　プトレマイオスの『宇宙誌（コスモグラフィア）』に描かれたアラビア半島西部。円で囲ってあるのがマコラバ（15世紀の写本、ナポリ国立図書館蔵）（パガーニ：XXI）。

一六～一九世紀のヨーロッパ人による旅行記には、ヒジャーズで遊牧生活を営むベドウィンの部族の中にユダヤ教徒の部族があったことが記されている。また、イエメンのユダヤ教徒は、他の地域がイスラーム化された後も自らの伝統文化を保持し続け、現在に至っている。ちなみに、第I章1節で述べた、一九世紀末にフランスのセム語学者アレヴィーの助手として多くの古代南アラビア語碑文を記録したハブシューシュもそのようなユダヤ系イエメン人の一人であった。しかし、一九四八年にイスラエルが建国されると、彼らの大半がイエメンを離れたため、現在イエメンに残るユダヤ人はわずか数百人程度と推測されている。

2　アラビア半島のキリスト教

おそらく三四〇年前後のこと、東ローマ帝国の皇帝コンスタンティノス二世（在位三三七〜三六一年）はアラビアに使節を送った。その使節団の長に任命されたのは、ソコトラ島（あるいはモルディブかインダス河口のデーブ）出身のテオフィロス・インドスであった。彼は幼少時にローマ帝国の捕虜となり、キリスト教徒として教育を受けた。アリウス派の司教フィロストロギウス（四世紀後半〜五世紀前半）の著作によると、彼はキリスト教の布教目的でヒムヤル王国に赴いた。ヒムヤル王（おそらく前述のサアラーン・ユハヌイムと考えられる）は彼を好意的に迎え、南アラビアにやってくるローマ人と現地のキリスト教改宗者のために、三つの教会をザファール、アデン、アラビア（ペルシア）湾の入口付近（場所は不明）に建立することに同意した。テオフィロスの報告によれば、この頃、南アラビアの人々はまだ多神教を信仰しており、割礼の習慣があり、太陽、月、神々に対して犠牲を捧げていたという。その一方でユダヤ教も普及し、ヒムヤル王家にも大きな影響を与えていたことも報告されている。

以上がアラビア半島のキリスト教に関する最も古い記述である。しかし、この出来事を含め、キリスト教に関する資料はエチオピアのキリスト教国アクスムによる南アラビア征服（五二五年）までは外部史料に限られ、それまではヒムヤル王国あるいはアラビア半島のキリスト教徒によるキリスト教に関する文献史料は一切存在しない。外部史料によれば、その後アラビア半島では多くの住民がキリスト教に改宗し、信徒数は五世紀にピークを迎えたという。六世紀のナジュラーンとソコトラ島ではキリスト教徒が住民の大半を占め、また、マアリブ、ハドラマウトとアビシニア（エチオピア）に近い沿岸部にキリスト教徒が存在したとされるが、この頃のキリスト教徒に関する明確な考古学的資料はない。

イエメンの対岸のキリスト教国家、アクスム帝国についてもここで少し触れておきたい。紅海貿易を支配していたローマの勢力が内政不振により一世紀末から二世紀に衰退すると同時に、アクスムの勢力が伸張し、四世紀にはアクスム王国が紅海とインド洋貿易の覇権を握った。

アクスムでは、もとは南アラビアと同様の多神教が信仰されていた。アクスムがキリスト教国となったいきさつは、シリアのティルス出身のギリシア系のキリスト教徒フルメンティウスが少年のころ乗っていた船が襲撃され、兄とともに捕らえられて奴隷として売られ、アクスム王家に仕えることになったことに始まる。後に解放された彼の熱心な布教活動の末、四世紀のエザナ帝の時代にアクスムはキリスト教国となった。フルメンティウスはアレクサンドリア主教のアタナシウスによってエチオピア主教に任ぜられた。これにより、東ローマ帝国の力がアクスムに及ぶようになった。

一方、北西アラビアについて見てみると、ユダヤ教徒の多かったヤスリブ（マディーナ）以外の都市では、ユダヤ教よりもむしろキリスト教が普及していた。とくに、マッカの人々は商業を通してシリアのキリスト教徒との接触があった。

プトレマイオスの記述にある「マコラバ」以外、古代末期の北西アラビア、シリア・パレスチナの国際語として広く使われていたギリシア語の文献にはマッカに関する記述がほとんど存在せず、このことからマッカは六世紀以前にはまだ国際的な交易都市ではなかったともいわれる。古代南アラビア語の文献においても、前一千年紀半ばより、ディーダーンやヤスリブについては言及しているものの、はっきりとマッカと同定できる史料はなく、主要な隊商交易ルートからは外れていたという可能性もある。この町が急速に発展するのは五〇〇年頃のことである。クライシュ族がマッカ周辺の有力部族との関係を築き、マッカはイエメン、シリア、イラク、アクスムと関わりをもつ国際的交易ネットワークの中の交易都市・宗教都市へと発展を遂げた。

この頃の北ヒジャーズの交易路上には、多くの隠遁者や修道士たちが暮らしていた。モーセゆかりのシナイ山のあるシナイ半島は、四世紀にはすでに多くの修道士たちが暮らすキリスト教の拠点となっており、六世紀にはユスティニアヌス帝（在位五二七～五六五年）の命によりシナイ山の麓に修道院（後の聖カタリナ修道院）が建立されている。これらの北ヒジャーズの隠遁者と修道院はギリシア正教に属していた。しかし、こういった砂漠の修道士たちよりもむしろ、ヒジャーズのアラブたちに影響を与えたのはシリアのキリスト教徒との直接的交流である。マッカの商人たちは、キリスト教徒が多いシリアを頻繁に訪れた。預言者のおじのアブー・ターリブは修道院のあるボスラに幾度も足を運んでおり、預言者自身もそこを訪れたことがあるという。また、かつてのナバテア王国の都ペトラは、三～四世紀にはキリスト教徒の町となり、ナバテア時代の多くの岩窟墓や建造物が修道院や教会として用いられていた。

シリアのキリスト教文化がヒジャーズのアラブに与えた影響は言語にも見られる。彼らが使っていたアラム語の語彙は、ヘブライ語と同様にアラビア語の中に数多く取り入れられた。アラビア語とアラム語は非常に近い言語であり、アラブにとってアラム語を習得するのは容易なことであったに違いないし、仮にアラブとシリア人がお互いに自分の言葉を話していたとしても、お互いに慣れればかなりの意思疎通が可能であったと推察できる。余談になるが、実際にそれがおおよそどの程度であったのかを示す卑近な例として、キリストの受難を描いた二〇〇四年のアメリカ映画『パッション』（原題：*The Passion of the Christ* 監督：メル・ギブソン）を取り挙げてみたい。この映画のシナリオは英語の脚本を四世紀頃に使用されていたアラム語とラテン語に翻訳したものである。映画に対する歴史的・宗教的議論はさておいて、実際にアラブがこれを聞いた場合、どの程度理解できるのかというと、このことを話題にしたアラブ人によるネット上の議論によれば、ざっと耳にしただけでは断片的にしか聞き取ることはできないものの、注意深く聞けば、多くの部分がアラビア語と共通する表現であり、とくにレヴァント方言（シリア・パレスチナ方言）の話者はかなりの割合で理解できるということである。

さて、マッカ自体にも多くのキリスト教徒が存在した。そこには彼らのための墓地もあったという。九世紀のアズラキーによると、預言者の時代のカアバの柱には、バークーム（パコミオス）と呼ばれる職人によって描かれたイブラーヒームその他の預言者たち、天使たちに加え、イーサー（イエス）とマルヤム（マリア）のイコンが飾られていたというから、キリスト教徒の巡礼者もあったはずである。

マッカのキリスト教徒の多くは生粋のマッカ出身者ではなく、定期市のために集うアラブであった。彼らの中にはクライシュ族と提携関係を持ち、カアバ周辺に拠点を持つ特権を与えられた部族もあった。また、マッカの奴隷たちの中にもキリスト教徒が多かった。これは、イスラーム以前のヒジャーズにおいては、通常、奴隷が支配階級の宗教に入り込むことがなかったためと考えられている。こういった奴隷たちの多くはシリア出身で、解放されて預言者ムハンマドの養子となったザイド・ビン・ハーリサもシリア出身のキリスト教徒の奴隷であった。彼はイスラームに改宗し、イスラーム軍の司令官として活躍した、預言者の教友（サハーバ）の一人である。

キリスト教に改宗したアラブの中で最も強大な権力を持ったのがガッサーン族とラフム族である。アラブの伝承では、ガッサーン族はイエメンのマアリブ出身で、三世紀頃、マアリブのダムが決壊した際にシリアへと移住したといわれる。その後、シリアで盛んであったキリスト教を受け入れ、ハウラン地方でガッサーン朝を創始し、ビザンティン帝国の後ろ盾の下、南はヤスリブのあたりまでの陸上交易路を支配して繁栄した。

一方、それより少し前にイエメンを出たラフム族は南イラクへ移住し、クーファ近郊のヒーラを中心に、こちらはサーサーン朝の後ろ盾の下で王朝を築いた。このラフム朝もまた、第二代目の王イムルウ・カイス（図Ⅲ－8）の時代にキリスト教に改宗した。サーサーン朝自体はゾロアスター教であるが、宗教に寛容な政策をとり、サーサーン朝領内においてもキリスト教の信仰を容認していた。アラビアにおけるこれらのキリスト教の二王朝の対峙は、まさに東ローマ帝国とサーサーン朝の対立の縮図であった。

このようにして、アラビア半島北部では、キリスト教のアラブ部族が勢力を持つようになった。さらに、四世紀にエチオピアのアクスムがキリスト教を国教化すると、一見東ローマ帝国の力がアラビア半島にも及ぶようにも見えるが、実際その権力が及んだのはガッサーン朝領内までであり、中央アラビア以南はローマにとっては依然として手の届かない世界であった。

中央アラビアには多神教徒のキンダ族を中心とする強大な部族連合が存在した。アラブの伝承によるとマアリブ出身のキンダ族はダムの決壊の後、三世紀に南アラビアを離れたといわれ、その後、再び南アラビアに戻ってハドラマウトに定着した。さらに、キンダ族は四世紀初頭にそこからナジュドに移住し、五世紀にはナジュドのマアッド諸族と同盟を持ち、諸部族の長として中央アラビアを広域に支配するに至った。この連合は、後に預言者ムハンマドが禁じた、血の犠牲と香料と水と塩を神に捧げる宗教的な盟約（ヒルファ）によって成り立つものであった。キンダの部族連合は東ローマ帝国支配下のシリアとガッサーン朝、サーサーン朝とラフム朝と対峙し、ヒムヤル帝国との間では交易路の課税権をめぐって対立しつつも、同盟関係を保っていた。後にヒムヤルがユダヤ教を公式に採用すると、キンダもそれに倣った。

南アラビアでは、ヒムヤルの勢力が強大であった。ヒムヤルは五世紀にユダヤ教を採用していると考えられるが、おそらく東ローマ帝国との関係やキリスト教徒の住民に配慮し、公式の碑文ではそれを表明せず、外見上はニュートラルな一神教の体を保った。しかし、六世紀のヒムヤル王ユースフ・アスアルはこれまでの政策から一転し、ユダヤ教をはっきりと表明し、西の沿岸部や都ザファールをはじめとする領内のキリスト教徒を迫害し、アクスム帝国に立ち向かった。この時、キリスト教徒にはユダヤ教への改宗か死かという二つの選択肢しか与えられなかったと伝えられている。

シリア語の記録によれば、ユースフ・アスアルは、まずザファールにおいて「クシュ人」（エチオピア人を指す）のキリスト教徒たちを欺いて虐殺したうえ、聖職者、信者もろとも教会を燃やした。ザファールでの殉教者数は五〇〇人と記録されている。その後、王はすぐに帝国各地にユダヤ教の僧侶とともに使節を送り、ユダヤ教に改宗しない限りすべてのキリスト教徒を殺すよう布告した。ハドラマウトではシリアやメソポタミア、ナジュラーン出身の僧侶たちを虐殺した。その後、五二三年秋、ユースフ・アスアル王は自ら軍勢を引き連れてイエメン北部のキリスト教徒の町、ナジュラーンに迫った。

ナジュラーンは前一千年紀半ばより香料貿易で栄えた交易都市（図V－3）であり、またこの頃は織物産業などでも名高かった。ナジュラーンの民のキリスト教への改宗に関しては、いくつかの物語が残されている。ネストリウス派の記録によれば、キリスト教のナジュラーンへの伝来は、ハイヤーン（あるいはハンナーン）というナジュラーン出身の商人が、五世紀初めにヒーラでネストリウス派のキリスト教徒と接触し、帰郷後、家族を改宗させ、自らの家を教

図V－3　ナジュラーンに残るウフドゥードの城塞（Al-Rāshid: 123）。

会としたことに始まるとされている。しかし、ナジュラーンのキリスト教徒は、モノフィジト派である。アラブの歴史家による伝承では、フィーミイユーンというシリア人修道僧によってキリスト教がもたらされたとも記されている。

当時のアラビア半島のキリスト教の中心地となっていたナジュラーンにおいて行われたキリスト教徒の迫害は、ユースフ・アスアルが行った迫害の中でも最も大規模なものであった。シリアのベト・アルシャームの主教シメオンがガッブーラ（シリア、アレッポ近郊のジャッブール）の修道院長シメオンに宛てて書いたと考えられるシリア語の書簡には、残酷な迫害の模様が生々しく記されている。この書簡は迫害が起こって間もない頃にナジュラーンの生き残ったキリスト教徒からの聞き取りに基づいて書き留められたものとされる。それによると、ユダヤ教徒のヒムヤル王は、五二万の軍勢を引き連れて、何日間もナジュラーンを包囲し、主教をはじめとする僧侶たちを欺いて虐殺したのち、彼らの骨を教会の中央に積み上げ、さらにそこに二千人の僧侶、信者を集め、教会ごと燃やした。教会の外にいた信者の中には、それを目のあたりにし、自らその火の中に入って殉教した人々もいたという。剣で切り殺されたものもあった。ナジュラーンの教会で焼かれた僧侶たちの名は出身地とともに伝えられているが、それを見ると当時のナジュラーンにはローマ、イラク、シリア、ペルシア、エチオピアなど、さまざまな地域から僧が集まってきていたことがわかる。この時に殉教したナジュラーンのアラブの長老（サイイド）、ハリース・ビン・カアブ（アレタス）は、ローマ・カトリック教会、東方正教会の双方において列聖されている。

この事件については、クルアーンの「星座章」においても記されている。

「坑の住民（ウフドゥードの人々）は殺され、火には薪が接ぎ足される。彼ら（ユースフ・アスアル率いるヒムヤル軍）はその傍らに座り、信者に対して彼らが行ったことを見ていた。彼らが彼らを迫害したのは、偉力ある御方、賛美されるべき御方アッラーを、彼らが信仰したために外ならない。」（日本ムスリム協会訳『聖クルアーン』八五・四〜八より一部改変。）

ウフドゥードとはアラビア語で「坑」を指す言葉である。そのため、アラブの歴史家たちは、ナジュラーンのキリスト教徒たちは「坑」に投げ込まれ、焼き殺されたとしているが、ウフドゥードを地名と解釈することも可能である。現在では、ナジュラーンの古代の遺跡と博物館のある地区がウフドゥードと呼ばれている（図V－3）。ここでは一九八二年より発掘調査が行われ、前一千年紀半ばからの城塞と初期イスラーム時代の遺構が明らかになっている。城塞の正門の西側では長方形の窪みが確認され、キリスト教徒迫害に使われた坑である可能性が指摘されているが、はっきりとしない。さらに、城塞区の南方には、ビザンツ時代の墓が発見された。埋葬遺体数は五〇〇以上と見積もられる。遺体は整然と並べられ、頭はすべて北東方向に向けられていた（ただし東方正教会では通常、頭を西に埋葬する）。こちらも、五二三年の迫害による殉教者の墓である可能性が示唆されている。

さて、ナジュラーンでのキリスト教徒迫害の話は、瞬く間にキリスト教世界に広がった。ユースフ・アスアルのユダヤ教の表明とキリスト教徒の迫害は、彼が、国内のキリスト教徒の勢力が東ローマと手を結んだアクスムの後ろ盾のもとに強大化することを恐れたためであることはすでに述べたとおりであるが、この極端な政策によって、歴代のヒムヤル王たちが保ってきた勢力均衡は一挙に崩されることとなる。当然のことながら、この話を耳にした東ローマ皇帝ユスティヌス一世（在位五一八〜五二七年）は、アクスム皇帝エラ・アスベハー（カレブ）にアラビアのキリスト教徒を助けるよう書簡を送った。ヒムヤル領内で多くのエチオピア人が虐殺されていたこともあり、エラ・アスベハーは正当な理由をもって南アラビア遠征を行い、五二五年、ユースフ・アスアルを殺して、イエメンを征服し、スムヤファア・アシュワアをヒムヤル王に据え、アクスムの傀儡《かいらい》政権をたてた。

アクスムによる征服によって、南アラビアでキリスト教が定着した。スムヤファア・アシュワア王の時代には、ザファールとナジュラーンに教会が建立され、王は東ローマ帝国に対して主教と僧を送るよう要請した。碑文においてもキリスト教の信仰が公式に表明されるようになり、彼の碑文には「慈悲深き御方（ラフマナーン）と彼の息子、勝者キリスト［……］の名において」という文句が見られる。ここでは欠損があるため三位一体の信仰がはっきりしないが、この王の時代にクーデターによってアクスムの支配から逸脱し、イエメンの王位に就いたエチオピア人総督アブラハの碑文には、「慈悲深き御方（ラフマナーン）と彼のメシアと精霊の御力とお助けと御慈悲によって」と、三位一体の信仰がはっきりと刻まれている。また、エチオピア人による碑文には、ところどころに聖書の引用も見られる。

キリスト教徒殉教の地として広く知られるようになったナジュラーンにあるカアバには多くの巡礼者が訪れた。カアバと呼ばれる神殿は現在マッカにしかないが、かつてアラビアにはいくつものカアバが存在した。巡礼は宗教的に重要であるばかりでなく、大きな経済効果をもたらすため、アブラハはヒジャーズのマッカに対抗し、アラブ諸族の巡礼先を南アラビアに集めようと必死であった。

五四九年春にマアリブ・ダムにたてられたアブラハによる碑文（図Ⅴ－４）には、キンダ族の反乱の平定、決壊したマアリブ・ダムの大規模修復工事、東ローマ帝国、ペルシア、エチオピアおよびアラブ諸族の使節の到着に関する記述とともに、領内のキリスト教化のために莫大な財を注ぎ込んでマアリブに教会を建立したことが一三六行にわたって刻まれている。

さらに、彼は現在のイエメンの首都サヌアーをイエメンの新たな中心地とし、そこにカリース（あるいはクッライス）と呼ばれる大聖堂を築いた。この名のもとはギリシア語で教会を意味するエクレシアにある。アズラキーやタバリーなど、多くのアラブの歴史家たちが、この建造物の素晴らしさを称えている。大聖堂は、大理石と金塗りの木材で作られていた。建築に際してアブラハは東ローマ帝国皇帝ユスティニアヌスに援助を要請し、これに対し皇帝は大理石、モザイク、職人をサヌアーに送ったという。カリースの完成に際してアブラハは、アクスム皇帝に次のような手紙を送った。

図V－4　マアリブ・ダムにたてられたアブラハによる碑文（549年）（Simpson: 56）。

「私はあなたのために、誰もこれまでに建てたことのないような教会を建立しました。アラブたちが、彼らが巡礼している神殿に行くのをやめて、ここに巡礼するようになるまで、私はあきらめないでしょう。」

大聖堂の東はドームになっており、その果てにある二本のチーク材の装飾梁には、ナジュラーンの殉教者ハリース・ビン・カアブとその妻のイコンがあったと推測されている。また、教会の周囲には、巡礼者たちが滞在できるように広場が設けられていた。

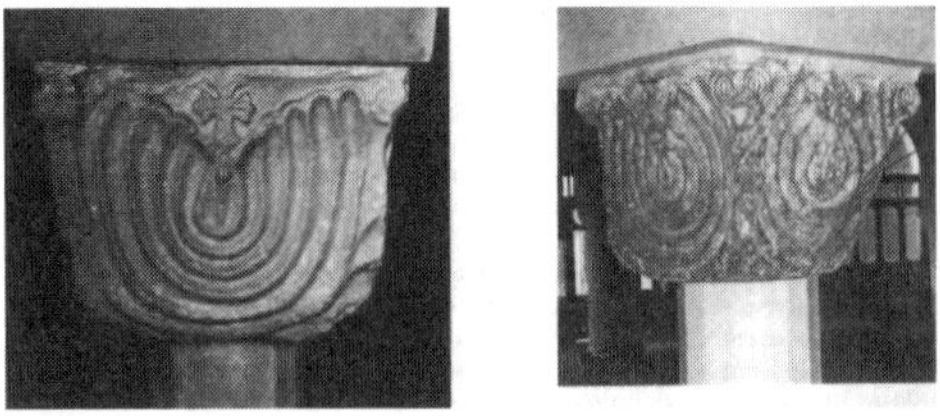

図Ⅴ－５　サヌアー旧市街の大モスクの柱頭。十字架の彫刻が施されたカリースの柱頭が再利用されている（Robin 1992b: 148）。

イスラーム時代になっても、この教会はサヌアーのキリスト教徒たちによって使われていた。この素晴らしい建造物はサヌアーの住民の誇りであった。アッバース朝のカリフ、マンスールがイエメン総督にその取り壊しを命じたとき、カアブとその妻を敬愛するサヌアーの住民は、キリスト教徒もムスリムも、ともに反対したという。

結局、カリースは取り壊されたが、その一部はサヌアーの大モスクの建材として再利用された。現在サヌアー旧市街に立つこのモスク内部では、十字架のあるカリースの柱頭を今も見ることができる（図Ⅴ－５）。また、マッカのカアバ聖殿にもカリースの建材が再利用されているという。かつてカリースが建っていた場所は、グルカト・アルカリースと呼ばれ、人々に記憶されている。

さて、マッカのアラブたちは、このようなアブラハの意図に対し、当然のことながら悪感情を持った。タバリーはカリースで起きた、マッカ近郊の部族に属するアラブによるある事件について触れている。この人物は定期市と巡礼時期がうまく重なるように、太陰暦のカレンダーに閏月を入れて調節する役目を担っていた。彼は、先のアブラハのアクスム皇帝に宛てた手紙について耳にすると、怒ってカリースにやってきて聖堂を穢した。これに烈火のごとく怒ったアブラハがマッカに遠征して聖殿を破壊することを誓ったという。

このようないきさつで、有名な「象の年」のマッカ遠征が行われる。アブラハはエチオピアの象部隊を率いてマッカに向かうが、クルアーンには、そこで奇跡的に鳥の大群がアブラハの軍勢に焼き土の礫を投げつけて壊滅させたことが記されている。

「あなたの主が、象の仲間に、どう対処なされたか、知らなかったのか。彼は、彼らの計略を壊滅させられたではないか。彼らの上に群れなす数多の鳥を遣わされ、焼き土の礫を投げつけさせて、食い荒らされた藁屑のようになされた。」（日本ムスリム協会訳『聖クルアーン』一〇五・一～五）

アラブの歴史家たちによると、この時マッカを守っていたのが、預言者ムハンマドの祖父であるアブドゥルムッタリブであった。そして、この「象の年」に預言者ムハンマドが生まれたとされ、五七〇年に位置づけられている。遠征後、アブラハは南アラビアに戻ったものの、そ

図Ⅴ－6　アブラハの552年の遠征を記録したサウジアラビア南西部のムライガーンの岩壁碑文（Web①）。

の体は今にもばらばらに朽ち果てそうな状態であったという。

一方、古代南アラビア語碑文史料には、アブラハのマッカ遠征について記した記録が存在しない。しかし、研究者たちは、「象章」に描写された出来事をアブラハの五五二年のアラブのマアッド諸族に対する中央アラビア方面への遠征に同定し、アブラハの死はその翌年と考えている。この五五二年の遠征については、サウジアラビア南西部のムライガーンの岩壁に記録されている（図Ⅴ－6）。

「慈悲深き御方のお力と彼のメシアによって、アブラハ・ゼーベーマン王、サバアとズー・ライダーンとハドラマウトとヤマーマと平野のティハーマの彼らの（彼の）アラブたちの王は、彼がマアッドを急襲したズー・サバターン月の春の侵略の際に、またすべてのアーミル族が反乱を起こした時にこの碑文を記した。今、王は、アブーガバルをキンダとアール族とともに送り、ハサンの息子ビシュルをサアダ人とともに送ったが、この二人の軍司令官たちは以下のところで戦闘を行った――すなわち、キンダ縦隊はアーミル族に対して、ムラードとサアダ縦隊はトゥルバーン・ルート沿いの谷で……に対して、そして彼らは敵を殺し、捕虜を得、十分な戦利品を得た。一方王はハリバーンで戦い、マアッド（の軍）は敗北し、人質となることを余儀なくされた。これらすべての後、ムンディルの息子アムルはアブラハと交渉を行い、ムンディルからアブラハに人質を渡すことに同意した。というのは、ムンディルが彼（アムル）に対してマアッドの支配権を与えたからである。こうしてアブラハは慈悲深き御方のお力によってハリバーンから戻った。」

この碑文によれば、「アブラハは慈悲深き御方のお力によってハリバーンから戻った」ことになっており、一見無事帰郷してこの碑文の刻文を命じたようにも見えるが、翌年アブラハは没して、彼の息子たちが王位を継いでいるので、遠征での怪我などが死因となった可能性も十分に考えられる。しかし、「象の年」と、碑文に言及された遠征との間には一八年ものギャップが存在する。アラブの史書と碑文研究の間にはまだ多くの課題が残されている。

イスラームによる征服以降も、アラビア半島の一部の地域には、長い間キリスト教徒が暮らしていたことが知られている。サヌアーには少なくとも九世紀までは司教が存在し、一三世紀のナジュラーンの住民の三分の一はキリスト教徒であった。また、ソコトラ島はキリスト教の拠点となり、最も後世まで信徒の存在が確認されている。一三世紀にマルコ・ポーロもここにネストリウス派の大主教座が存在したことを記録している。さらに、日本でも馴染み深いイエズス会宣教師フランシスコ・ザビエルは、一六世紀半ばにインドに赴く際にこの島にも立ち寄り、キリスト教徒の存在を確認したことを記している。イスラームや土着信仰と混ざり合いながらも、ソコトラ島には、辛うじて一七世紀までキリスト教徒の存在を辿ることができるという。

Ⅵ　古代文化とイスラーム

預言者ムハンマドを通して人々に伝えられたイスラームとそれに基づく社会システムは、起伏の末に多くの人々に受け入れられた。イスラームは、アラビア半島の宗教、政治、社会システムを大きく変えたことは言うまでもないが、決して既存の文化に対立を挑んだのではない。古くから交易の要衝にあったアラビアには、この頃すでに、アラブ諸族の伝統、古代南アラビアの文化に加え、ユダヤ文化、ビザンツ文化、エチオピア文化などが混在し、多神教のみならずさまざまな一神教、異文化、多民族が共存していた。文化・技術的側面において、イスラームはこれらの文化より多くを受け継ぎ、宗教的規範においても従来と変わらぬ部分も存在する。二大聖地を擁するアラビア半島の国際性は、イスラーム時代以降、交易の形態が変わった後も、巡礼の中心地として引き継がれてゆく。

マッカの聖マスジド入口

六一〇年、マッカ近郊のヒラー洞穴（口絵18）で瞑想を行っていたムハンマドのもとに、大天使ジブリールを介してアッラーの啓示が初めて下る。ムハンマドはあまりの出来事におびえ、急いで妻ハディージャのもとに戻った。これを聞いたハディージャが従兄のキリスト教修道僧ワラカ・ビン・ナウファルに相談したところ、聖書に精通した彼はムハンマドが神の啓示を受けたことを見抜いた。ここにイスラームが始まる。

アッラーの啓示は、その後二三年間にわたってムハンマドに断続的に下された。イスラームにおける礼拝、生活、社会に関する規範は、決して一度に定められたものではなく、預言者の生存中に段階的に啓示が下って定められていったものである。例えば、イスラームでは飲酒が禁止されているが、初期の段階においては、飲酒による酩酊した状態で礼拝に臨むことが禁じられたのみであった。イスラームへの改宗者は生活における急な変化を強いられることはなく、徐々にイスラームに慣れていったのである。

本書でこれまでに見てきたイスラーム以前の宗教に関する歴史を振り返ってみると、イスラームが興る以前より、アラビア半島の宗教が段階的な変容を遂げていることがわかる。そして、その中に見られるさまざまな要素を見てみると、イスラームとの相違とともに、共通する点もあることに気づかされる。

1　古代からイスラームへ

まず、青銅器時代までのアラビアの文化は鉄器時代以降のものとは系統を異にするが、少なくともこの頃から似通った人物像がアラビア半島の各地で作られていた。また、人物やウシなどの動物が岩壁面に描かれ、南アラビアでは香を焚く習慣も始まっていた。また、山の稜線に沿って造られた石塚型の墳墓もこの時代の特徴である。また、香の使用はこの時代に始まっていたものと推測されている。

前二千年紀末頃のラクダの家畜化と、それに伴うアラビア半島の隊商路の発達は、アラビア半島の歴史に大きな変革をもたらした。前一千年紀初頭、紅海に平行に南北を結ぶ内陸の隊商路沿いには交易都市が生まれ、南アラビアの香料を中心とする産物がラクダに積まれて運ばれた。また、カナアン地方からアルファベットが伝わり、アラビア半島各地に広まった。とくに南アラビアにおいては、高度な文字文化の発達とともに数多くの神殿が建立され、政治的・経済的に社会における中心的役割を果たした。そこでは、国家神に加えて数多くの神々が同時に信仰され、像、ステラ、碑文、祭壇、香炉その他さまざまなものが奉献された。このような多神教の時代は、南アラビアにおいておよそ一〇世紀間にわたって続いた。

北西アラビアのウラー（ディーダーン）をはじめとする交易都市では、人々は交易の他、ナツメヤシなどのオアシス農耕に従事していた。ウラーと周辺の砂漠地域においても、人々は多くの神々を崇拝していた。また、タイマーにはアッシリア、新バビロニア、エジプト、さらに後にはアケメネス朝ペルシアといった大国の影響が及び、土地のアラブたちは当時の国際語であったアラム語を公用語としてアラム文字を取り入れた。北西アラビアの諸都市と南アラビアとは隊商交易を通して常に強いつながりがあり、北西アラビアの文化とステラや人物像を重んじる南アラビアの宗教文化は互いに影響を及ぼしあった。ステラの形態などは、南から北へと伝播し、その一方で、アラム語を起源とする語彙が北西アラビアからの移民とともに南アラビアに伝わった。

初期イスラーム時代の文献史料では、古代アラビアにおいて偶像崇拝が行われていたということが言われてきたが、考古学的資料と碑文史料を見るかぎりでは、像やステラは奉献物として神殿や墓に置かれたものが発見されているのみである。南アラビアで出土した多くの人物像は信者あるいは故人を表したものであり、神像として崇拝の対象とされたと考えられるものは確認されていない。無装飾のステラに関しても、人物像と同様に個人名が刻まれているものが多いことから、信者を表す奉献物、あるいは死者の魂が宿るとされたものと考えられる。ウラーの神殿で発見された大きな人物像も王像である可能性が高い。考古学的資料および碑文史料から見るかぎりでは、アラビアでは崇拝の対象となる神像が作られることは一般的ではなかったということができる。

唯一明らかな偶像崇拝が見られるのは、北西アラビアのナバテアである。ナバテアでは、初期の時代に無装飾のステラ、あるいは石板に目を象ったステラが神像として岩壁面に穿たれたり、神殿の至聖所に安置されたりしていた。また、方形の石が至聖所に置かれ、崇拝の対象となった。ナバテア後期には、ヘレニズムの影響を受け、ナバテアの神々がギリシアの神々と融合し、人間の形で表されるようになった。これは、元来ナバテア人の間に存在した聖石崇拝が、外来のギリシア・ローマ文化によって偶像崇拝へと変容したものであり、彼ら独自の信仰形態を反映するものではない。これは、仏教において、ヘレニズムの影響を受けて初めてガンダーラで仏像が作られるようになったのと同様の現象といえる。

アラビアの神殿の形態に関して見てみると、すでに南アラビアにおいて、多くの神殿の間取りが明らかにされてきた。南アラビアの神殿の形には、中庭型と列柱型のものが存在し、前者はシリア・パレスチナの神殿と同様、内奥に至聖所が設けられ、そこに向かって神聖さが増してゆくように造られていた。一方、後者の列柱型神殿の構造は南アラビア独特のものである。それらは、列柱のある非常に簡素な方形の建造物で、至聖所はなく、内部は神聖において均一な空間であった。この点で、列柱型神殿の構造はイスラームの一般的なマスジドのそれと共通している。

また、統治者の宗教的な位置づけを見てみると、東西を問わず古代の多くの国々で王を神聖視していたなか、アラビアでは王を神格化することがなかったのは特記すべきことである。南アラビア・北西アラビアのいずれにおいても、王は信徒の代表でしかなかった。とはいえ、多神教時代には、信仰のために職人に碑文や像・ステラ、奉献台を刻ませたり、碑文の刻まれた金属板や金属像を鋳造させたり、高価な香を奉献したりする財力が必要とされたので、宗教上すべての信徒が平等であったとは考えにくい。また神官が存在し、神殿への納税や奉納物、さらには彼らが行ったであろう「神託」によって、その権力は増大したものと考えられる。

これに対して、イスラームにおいて定められた宗教儀式は誰にでも実践できる、いたってシンプルなものであり、高価な香や特殊な器具を必要とするような儀式は存在しない。また、僧、聖職者は存在せず、社会的地位にかかわらず、すべての信徒が信仰のうえでは平等である。古代とイスラーム時代の墓を見比べてみると、このことが如実に示されている。多神教時代の墓には碑文や人物をはじめとするさまざまな像が置かれたので、埋葬者の家族の階級・経済力の差は、それらの規模や質により明白となる。これに対し、イスラームの墓は元来墓誌すら存在せず、遺体を土葬したあと頭と足元に二つの石が立てられるだけの簡素なもので(図Ⅵ－1)、支配者であろうと奴隷であろうと一切差は見られない。その後、イスラーム世界の拡大、建

図Ⅵ−1　マディーナの預言者マスジドに隣接するムハンマドの教友たちが眠る墓地。

築・彫刻技術の発達とともに、各地で建造物や精巧な刻文・彫刻を伴う立派な墓が造られるようになるが、これらはイスラームの定める墓の要件とは関係のないものである。

また、古代には、さまざまな宗教的禁忌や掟が存在した。北西アラビアからの移民の多い南アラビア北部で二世紀頃まで神殿に奉献されていた数々の贖罪碑文からは、古代南アラビアに聖域（ハラム）の概念が存在し、清浄と不浄の概念、巡礼中の禁忌が存在したことが明らかである。経血や性的交渉による宗教的不浄の状態を取り除くために大沐浴（グスル）が必要とされた点、タマネギやニンニクなどの強臭を放つ野菜を食して聖域に入ってはならない点、また年に一度大きな巡礼が行われていた点は、後のイスラームと共通している。しかし、古代に存在した不浄の状態が接触により他者に伝染するという考えは、ユダヤ教には存在するものの、イスラームでは否定されている。イスラームにおいては、女性は、月経中と産褥期に礼拝ができなくなることを除けば、通常どおりの社会生活を営むことができる。また結婚生活において、これらの時期に禁じられるのは性交だけで、抱擁、接吻は禁じられていない。女性は一カ月のうちの約四分の一にあたる一週間近くを月経とともに過ごすわけであるから、この期間の女性が伝染病患者のように扱われて隔離されるのは、女性の社会的活動にとって大きな損害であったに違いない。

イスラームによって、嬰児殺しの禁止、長子相続権の廃止、ズィハール（夫が妻に「お前は母の背中のようだ」と告げることによって離婚を言い渡し、一方的に彼女の妻としての権利を奪うこと）の禁止、行いの悪い夫に対して離婚を言い渡す権利の女性への付与、妻の数の制限、近親婚の禁止が定められた。嬰児殺しというのは、新生児が女児だった場合に、これを嫌って殺してしまうという慣習である。実際、古代南アラビアにこれを禁じる碑文が存在することから、この慣習がイスラーム以前のアラビアにおいて実際に行われていたことがわかる。

三世紀以降、アラビアでは一神教的傾向が強まってゆく。アラビア半島にはローマ帝国の迫害によるユダヤ人のディアスポラで、一世紀後半から二世紀頃にアラビア半島にユダヤ人が移住し、彼らの影響によりアラブにユダヤ教が伝わった。また、南アラビアの多神教の神殿でも三世紀になると、一柱の神のみが崇拝されるようになるという一神教的傾向が現れた。マアリブのアッワーム神殿で長らく信仰されてきた多神教の神々が奉献碑文から名を消し、主神であるアルマカフ神だけが信仰されるようになった。さらに四世紀の南アラビアには、ユダヤ教ともキリスト教とも明記しない「天の主」を崇拝する一神教があらわれた。次いで四世紀に南アラビアに伝わったキリスト教も、当初はヒムヤル王国に好意的に受け入れられた。「天の主」の一神教の信徒およびユダヤ教徒の碑文では、唯一神を「天の主」の他、「天と地の主」「慈悲深き御方（ラフマナーン）」と呼んでいる。イスラームでもアッラーを「天と地の主」と表すことがあるが、イスラームでの「天」が複数形であるのに対し、古代南アラビアにおけるそれは単数形であった。

ヒムヤル王国においてユダヤ教は有力階級を中心に広まったので、その影響力は大きかった。そして、対岸エチオピアのアクスム帝国のキリスト教化の後に、ユダヤ教を表明したヒムヤル王ユースフ・アスアルは、五二三年、領内のキリスト教徒弾圧に着手した。当時のヒムヤル王国のキリスト教徒には、四世紀以降の布教活動によって改宗した南アラビアの人々の他、貿易活動により経済力を蓄えたエチオピア人たちがいた。都ザファールおよびナジュラーンでのキリスト教徒虐殺の知らせはすぐにキリスト教世界に広まり、東ローマ皇帝の耳にも達した。アクスム帝国は東ローマの後ろ盾のもと、キリスト教徒迫害の報復戦としてイエメン遠征を行い、そこにアクスムの傀儡政権を立てることに成功した。これによりイエメンはキリスト教化され、各地に新たに教会が建設された。政変はさらに続き、今度はこの政権のエチオピア人総督アブラハがクーデターを起こして、アクスムの支配から脱してイエメンの王位に就いた。アブラハによって、イエメンのキリスト教化は進んだ。彼は、サヌアーにカリースと呼ばれる荘厳な大聖堂を建設し、巡礼地の関心をマッカではなくサヌアーに集めようとした。巡礼による経済効果は大きく、通行税の他、巡礼に際して行われる定期市は大変な利潤をもたらしたのである。ちなみに、今日も、マッカとマディーナでは巡礼者であろうとも、誰もが自由に商いを行ってよいことになっている。アブラハはライバルであるマッカへ象を連れて遠征したという。マッカに行ったことは碑文史料では明らかではないが、中央アラビアへの遠征を行ったことは知られている。帰還後ほどなくしてアブラハは亡くなり、彼の息子たちが政権を継いだが、再びクーデターが起き、南アラビアは六世紀末、サーサーン朝に組み込まれた。

古くから王権が発達した南アラビアにおいて、宗教は政治と強く結びついていた。とりわけ、四世紀以降の南アラビアの宗教は国際情勢により短期間のうちに激しく左右された。一方、ヒジャーズ地方はディーダーン王国、リフヤーン王国、ナバテア王国の時代までは国家規模での多神教崇拝が行われ、大規模な神殿が建設されていたが、ナバテア王国の滅亡以降は、ユダヤ教、キリスト教が伝わり、その他の一神教徒も存在するという、宗教的に非常に多様な社会へと変化した。人々の宗教は、通常は部族ごとに定まっていたが、都市の中では異なる宗教に属する人々がともに暮らしていたのである。一神教を受け入れたもののたび重なる政変により信仰が一定しない南アラビア、さまざまな宗教が混在する北西アラビア——まさにこの時、アラビアにはイスラームが受け入れられる土壌が十分に整っていたのである。逆に言えば、この時でなければ、新たな宗教が受け入れられる余地などなかったであろう。

イスラームは「無蒙」のひとことで片づけられるような偶像崇拝の多神教社会に突如として興ったのではない。アラビア半島の政治・宗教は、いくつもの段階を経て、イスラームが受け入れられる土壌を整えていたのである。

2 イスラーム文化に生きるアラビア文化

イスラーム軍は六四一年に東ローマ帝国支配下にあったエジプトを征服し、六五一年にはサーサーン朝ペルシアを征服した。エジプトは、かつてヘレニズム世界最高の学問の中心地であったアレクサンドリアを擁し、さらには古代以来の高度な技術伝統を保持していた。ペルシアもまた、優れた技術・学問伝統を有した。これらの征服地の人々がイスラーム文明の構築に大きく貢献したことは、周知の事実である。

しかし、アラビア半島自体に古くから存在した文明もまた、新しい文明の構成要素に少なからず影響を与えていることも見過ごしてはならない。

南アラビアでは多くの彫像が造られていたにもかかわらず、造形美術の水準は一部の例を除いて、決して高いといえるものではなかった。しかしその一方、建築技術や文字文化の側面では非常に高度な水準に達していた。改築を重ねたマアリブのダム、イエメン各地の神殿の遺構は今日まで荘厳な姿を留めているし、サヌアーのカリース（大聖堂）、同じくサヌアーにあったヒムヤル時代のグムダーン城の素晴らしさは初期イスラーム時代の文献で讃えられている。

アラビア半島の初期のマスジドには、古代南アラビアの神殿建築と同様に、屋根のある柱廊を伴った中庭型のもの、内部に等間隔に列柱が立ち並ぶ列柱型のものが見られ、古代南アラビアの神殿建築の特徴を引き継いでいる可能性が高い。中には古代の神殿がマスジドに再利用された例もある。イスラームにおけるマスジドとは、礼拝のための空間であるから、マッカの方向（キブラ）を示す壁龕（ミフラーブ）があれば、十分にその要件を満たすことができる。実際、シリアなど他の地域において、教会がモスクに変えられた例は多い。

文字に関しては、南アラビアでは前八世紀のごく初期の時代から、均整のとれた幾何学的で美しい古代南アラビア文字が発達していた。そして、それらを石板や岩壁に刻むという長い伝統があった。イスラーム化とともにアラビア文字が導入されたとき、イエメンではなお古代南アラビア文字が盛んに使用されていた。イスラーム時代以降も九世紀頃までは、一部の人々はこの文字を記憶していた。ナジュラーン近郊では、同一の人名がアラビア文字と古代南アラビア文字の双方で刻されている例が発見されている（図Ⅵ－2）。しかし、一〇世紀のイエメンの歴史家ハムダーニーの古代南アラビア文字碑文に関する記述は不正確なので、その頃にはこの文字はほとんど忘れ去られていたようである。唯一、海を渡ってエチオピアに伝わった古代南アラビア文字だけが、ゲエズ文字に発展した。これは、今日まで使われ続ける唯一の南セム文字である（図Ⅵ－3）。しかし、一五世紀以上続いた古代南アラビアの優れた文字文化が育んできたものすべてが、アラビア文字の導入によってアラビアから完全に消滅してしまったわけではない。

イスラームは、偶像崇拝や、アッラーの創造物を真似て偶像を作ったり、絵に表したりすることを禁じた。そのため絵画や造形美術は発達しなかったが、その代わりに幾何学的文様（アラベスク）の他、アッラーの御言葉であるクルアーンをより美しく書き記すために、書道が未曾有の発達を遂げた。そこで使われた文字は、ナバテア文字から発展したアラビア文字である。

ナバテア文字は、ナバテア王国の滅亡後、周辺のアラブの間に広まった。この文字は各地で次第に形を変え、四世紀頃、そこからアラビア文字の原型が生まれた（図Ⅵ－4）。しかし、この頃になると北西アラビアにおける碑文の数は極端に減少し、イスラーム前夜のヒジャーズに至っては、文字を書くということ自体、ほとんど行われていなかった。イスラーム以前のアラビア文字はまだ稚拙なもので、発見された碑文数も一〇点に満たない。当時、詩文学は非常

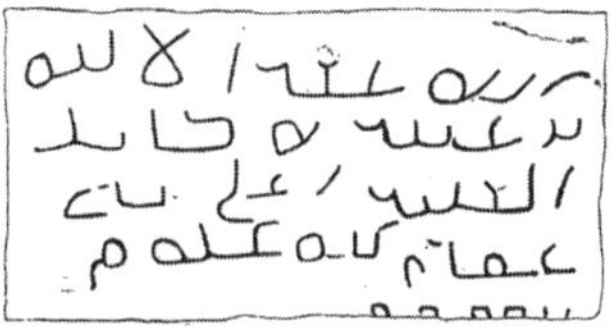

図Ⅵ－4　ウンム・ジマール（現ヨルダン）で発見された最初期のアラビア文字の碑文（四、五世紀）(Littmann: 1)。

図Ⅵ－5　クーファ書体（直線的・幾何学的な書体で縦方向の線は垂直に表される）で刻まれた岩壁碑文（ナジュラーン近郊）(Al-Rāshid: 106)。

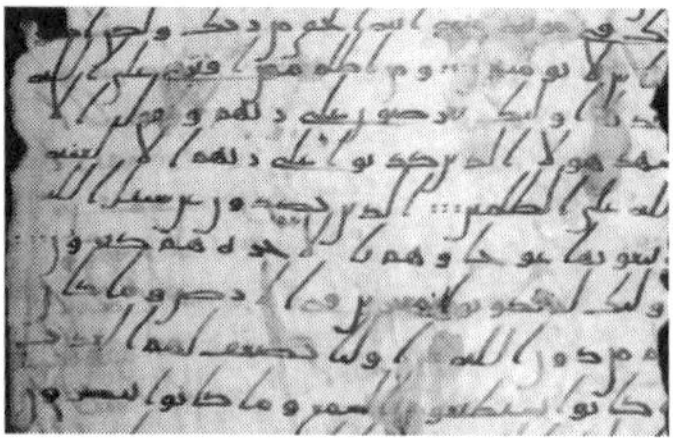

図Ⅵ－6　ヒジャーズ書体（縦方向の線が傾斜して書かれる）で記されたクルアーンの写本（六～七世紀）(Al-Said & Al-Muneef: 64より)。

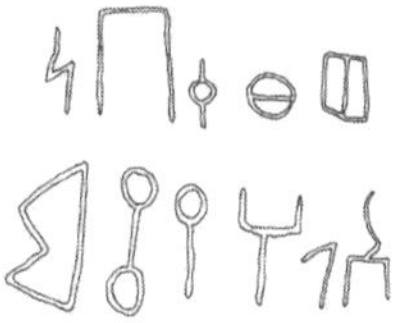

図Ⅵ－2a（上）、b（下）　ナジュラーン近郊で発見されたタウク・ビン・アルハイサムの碑文。アラビア文字（a）と古代南アラビア文字（b）の双方で同一の人名が刻まれている（2a Al-Rāshid: 107、2b Al-Said: 85)。

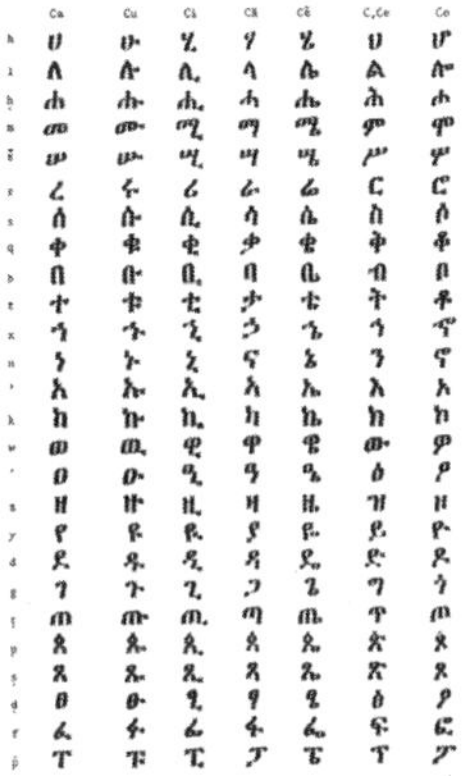

図Ⅵ－3　ゲエズ文字の表（表上列のCは子音を指す。）エチオピアのゲエズ文字は現在まで使われつづける唯一の南セム文字である。(Lambdin: 8)。

に盛んであったが、基本的にはそれらは歌のように節をつけてそらで吟じたり、即興で披露したりされるもので、普段は書き記されることがなかったようである。ユダヤ教徒、キリスト教徒の中には聖典を読むために読み書きを習得している者もあったが、彼らが習得した言語はヘブライ語、アラム語、シリア語、ギリシア語であり、少なくともアラビア文字で書かれたものではなかった。概して、日常生活において文字を書く必要性はなく、大多数の人々は読み書きができなかった。このような背景から、若い頃より交易に携っていた預言者ムハンマドが、さまざまな方言を理解したものの、読み書きを知らなかったというわけである。

新たなイスラーム政権の公式な文字として採用されたアラビア文字は、数十年の間に急速な発達を遂げる。遅くともヒジュラ暦二〇年代（六四〇～六五〇年）には、整ったクーファ書体の岩壁碑文が（図Ⅵ－5）、次いでヒジャーズ書体と呼ばれる文字が写本において出現した（図Ⅵ－6）。イスラーム初期の時代には、自然の岩壁に祈願文やクルアーンの章句が刻まれたり、また九世紀頃からは手の込んだ美しい装飾クーファ書体の墓碑のある墓石が造られたりした。アラビア文字は北西アラビアのナバテア文字に由来する西セム文字で、南セム文字に属する古代南アラビア文字とは系統が異なるが、その書体の発達には、シリア文字のみならず、南アラビアの文字文化の影響があったに違いない。とくに、岩に幾何学的な美しい文字を刻む習慣は、古くからの南アラビアの伝統なくしては生まれることがなかったであろう。

イスラーム法として定められた規定に関しても、すべてがこれまでにない新しいものであったわけではない。イスラームは、古代からの女児殺し、占い、ズィハールなど、各地にあった悪しき慣習を禁じ、婚姻制度を整備して女性の権利を向上させるなどさまざまな改善を行ったが、古代からのしきたりをほぼ踏襲した部分も存在する。非イスラーム諸国の現代人は、イスラームの生活に関するさまざまな規定をきわめて特異で複雑なものと捉えているかもしれないが、煩雑な古代の宗教的規範を考慮すると、当時の人々にとってはイスラームのそれがむしろ簡易に感じられたことであろう。そもそも宗教的規範は、世界のほとんどの地域において、歴史を通して人々の生活の隅々に行き届いたものであった。宗教の持つそのような側面がこれまでになく希薄になっている現代社会のほうが、歴史的には特殊といえる。

アラビア半島の宗教文化、政治、社会構造はイスラーム時代になってさらなる変化を遂げた。しかし、イスラーム以前から現代まで、そこには変わらずに存在し続けるものもある。

イスラーム前夜のアラビアの文化は、そこを往来する多様な人々の文化――アラブ諸族の部族的つながりとそれぞれの伝統、古代南アラビアの文化、ユダヤ教文化、シリアのキリスト教文化、アビシニアの文化――をも内包するものであり、そこでは一神教を含む諸宗教、異文化、多民族が共存していた。そして、このような環境によって自ずと生まれた国際性自体が、初めにイスラームを受け入れたヒジャーズ社会の重要な特性となっていた。さまざまな方言・

図Ⅵ－７　マッカの聖マスジド内のカアバ聖殿に集う人々。ただしこの写真は巡礼月に撮影されたものではない（2011年４月撮影）。

言語に由来する語彙を包含するアラビア語は、まさにこのような状況を反映する言語である。この国際性は、政策的に行われる近代国家の国際化やグローバリゼーションなどとは比較にならないくらい長期間にわたって培われてきた実に根の深いものであり、その原点は乳香・没薬をはじめとする南アラビアの香料の存在、ラクダの家畜化と交易路の発達に遡る。紅海に平行して南北を結ぶ交易路沿いのアラビアの諸都市は、生まれながらにして国際化が宿命づけられていたのである。

時代が変わり、陸上交易路は廃れて海運が主流になっても、紅海に面したアラビアの港が東西を結ぶ国際商業の表舞台となった。そして、交易品目は様変わりし、交通革命により運搬そのものの形が変化しても、今度は巡礼の目的でたくさんの人々が遠方からここを訪れるようになる。時代ごとに状況・理由は異なるが、アラビアは歴史を通じて常に膨大な数の人々が外国から足を運ぶようにできている。

今日では、交通機関の発達により、地球上の津々浦々からの巡礼者たちが二大聖都のあるヒジャーズを訪れる。世界のムスリム人口は今や一五億七千万人、そして、イスラームでは条件が整えば、生涯に一度マッカ巡礼を果たすことが義務である（図VI－7）。このような背景のもと、二大聖地には、土着の文化に加え、イエメンをはじめオスマン・トルコ、アビシニア、ペルシア、エジプト、スーダン、北アフリカ、西アフリカ、インド、東南アジア、中央アジアの食文化、服飾文化、その他さまざまな時代にさまざまな地域からやってきた文化が、ごく自然な形で共存する。土地の人々の間に浸透した、他者に疎外感を与えることのない開放的な気質も、古くからの国際化を感じさせる。

前一千年紀以降のアラビア半島において、宗教、政権、国家は幾度となく変化を遂げた。しかし、アラビアの文化の国際性は、いつの時代においても変わることはなかった。

あとがき

本書では、アラブの伝承やクルアーンで有名なサバアの女王ビルキースにも、アッラーに背いて滅ぼされたアードの民、サムードの民にも、ほとんど言及していない。そのため、一部の読者の期待に背いてしまったかもしれない。あえてそのように計らったのは、彼らの存在を示す歴史的・考古学的証拠といえるものが、現在のところ何も発見されていないからである。

一方、これらのエピソードを実際の遺跡と関係づけて考えたいという古くからの人々の思いは、アラビア半島のいたるところに見られる。マアリブのアッワーム神殿はマフラム・ビルキース（ビルキースの聖域）、バルアーン神殿はアルシュ・ビルキース（ビルキースの玉座）と呼ばれ、土地の人々に親しまれてきた。また、マダーイン・サーリフのナバテア人の墳墓についても、その地名が示すとおり、預言者サーリフの言葉に背いて滅ぼされたサムードの町として知られてきた。その他にも、ムハンマド以前の預言者にまつわる遺跡は中近東に数多く存在する。それぞれの土地に言い伝えがあるのは自然なことであり、これは世界中のいたるところで見られる現象である。ところが、現代になって、一部のジャーナリストや研究者までもが、新たに発見された遺跡を、学術的とは言い難い手法で、聖典に記された出来事の舞台に安易に同定しようとするのは問題といわざるをえない。

かつてレヴァント（パレスチナ）において、聖書の記述を証明するという宗教的目的の下で発掘調査を始めた人々は、聖書の記述が考古学的資料の示すところと矛盾するという皮肉な結果に直面した。かといって、これを「聖書の誤り」という方向性に議論を持っていくのは適切ではない。考古学で聖書を証明しようという意図的なアプローチ自体が意味をなさなかったと考えるべきである。

学問とは、人間が公正で正しい物事の解釈をするために作った、経験的知識と理論的方法論の集成であり、信仰を持つ者にとっては、いわば神の持つ「完全無欠な知識」を得ることが不可能な中での人間の最善の努力である。神の絶対的な知識に比して、人類が得ることのできる知識は実に限られたものにすぎない。したがって、新たな発見に際して、それを聖書やクルアーンで明らかにされている特定の物語に故意にあてはめようとするのは危険極まりない。考古学的成果には、そのような使われ方ではなく、より適切で有効な使い道がある。

伝統的なイスラーム学は、クルアーンとハディースならびに先達から読み継がれてきたイスラーム学の古典的著作の研究の積み重ねであった。しかし、今後は、近年めざましい発達を遂げる考古学的研究成果がイスラーム学の新たな展開につながると、私は信じている。

現代の歴史学では、たとえ文献史料が豊富に存在する近現代を研究対象とする場合であっても、文献史学と考古学の双方を用いた総合的考察が行われる。例えば東京では、江戸時代の遺跡や太平洋戦争下の軍事工場跡や東京の新橋近くの汐留駅跡など、非常に「新しい」遺跡で調査が行われた結果、文献だけでは知りえない多くのことが明らかにされた。

このことは、イスラーム学においても同様である。考古学的資料から得られるイスラーム以前および預言者の時代の町、マスジド・家屋の構造、食糧、水利、人々の生業、衣服、器、調度品についての知識は、千数百年の間、議論が重ねられてきたクルアーンとハディースの語句の解釈に貢献できるはずである。さらには、発掘調査によって、預言者の教友たちの手による文書や碑文などが新たに発見される可能性もある。なぜ、預言者はある言葉を強調したのか、なぜ、そのような啓示が下されたのか、クルアーンの内容やハディースに記録された預言者の言行に関しても、その歴史的背景に関する正確な知識をもって、より優れた解釈が可能となるのである。

豊富な古代南アラビア碑文の研究成果もまた、クルアーンやハディースの言葉の解釈に有益である。イエメンでは、預言者の時代においてもなお、古代南アラビア文字の碑文が刻まれ続けていた。そのうえ、歴史的にヒジャーズとイエメンのつながりは強く、実際にクルアーンにおいてもイエメンに由来する言葉が数多く使用されている。

アラビア語に精通し、クルアーンとハディース学を修めたイスラーム学者たちは、古代末期のアラビアの生活文化のエキスパートでもある。彼らがさらなる知の探求のために考古学的成果に目を向けたとき、イスラーム学とアラビア史研究の双方が飛躍的な進歩を遂げることは間違いない。

「ジャーヒリーヤ」と呼ばれるイスラーム以前の時代は、無政府状態で荒廃した時代と捉えられてきた。しかし、イスラーム以前の時代が「劣った時代」のひとことで済まされてきたのは、アラビア半島の遺跡調査が十分になされていなかった時代のことにすぎない。現代の碑文学および考古学の成果に照らし合わせて見てみると、アラビア半島の当時の文明の程度は同時代の他の地域に引けを取らない豊かなものであったことがわかる。現在、考古・碑文学者の間では「ジャーヒリーヤ」の概念を再考しようという潮流が生まれている。

「知識の探求はすべてのムスリムの義務である」とは預言者ムハンマドの言葉である。この二〇年間で、アラビア半島の考古学的調査は急速に進められ、多くのことが明らかにされた。さらに、情報網の発達した二一世紀の今日、一人の人間がこれまでにない膨大な情報を入手することができるようになった。それにもかかわらず、事実にアプローチするための資料、研究法が百年前とまったく同じであってはならないのだ。

道のりはまだまだ遠いかもしれないが、イスラーム系宗教機関・財団が、アラビア半島での考古学的調査に積極的に取り組むようになる日が来ることを、筆者は切に願っている。

謝辞

オリエント考古学の手ほどきから今日に至るすべての段階でお世話になった小川英雄先生、エジプト、サウジアラビアをはじめとする中東諸国での数々のフィールドワークの機会を与えて下さった川床陸夫先生、古代南アラビアに関する緻密な専門知識を惜しみなくご教授くださった蔀勇造先生に心からの感謝と敬意を表したいと思います。

先生方から教えていただいたことから多くの糧を得、本書にもそれが反映されていますが、私の現在の研究は必ずしも先生方の望まれる方向に進んでいるわけではありません。したがって、本書に見られる誤りはすべて著者一人の責によるものであることをここに明記しておきます。また、執筆の機会を与えてくださった総編集者の水谷周先生にも心より御礼申し上げます。本叢書への参画という形でなければ、本書のような表題の書籍が出版に漕ぎ着けることはなかったように思います。

なお、本書は当初イスラマバード国際イスラーム大学のムハンマド・アブドゥルラティーフ教授との共著が予定されていました。ところが、教授の執筆への快諾にもかかわらず、その後連絡を取ることができなくなり、やむなく本書は当方の単著という形となりました。教授からは古典アラビア語とその歴史に関して沢山のことを教えていただきました。ここに教授への感謝を申し上げるとともに、お元気でいらっしゃることを切に祈っています。最後に、本巻のためにご尽力くださいました国書刊行会の中川原徹氏、執筆にあたってご協力、激励くださった全ての方々に、この場を借りて厚く御礼申し上げます。

「イスラーム信仰叢書」を終えるにあたって

この「イスラーム信仰叢書」は、宗教信仰から遠く離れてしまった日本社会を憂い、その蘇生を念じつつ着手された。読者諸氏が叢書の中のいずれの巻や論考を読まれるにしても、あるいはその全体を読破される場合には特に、わが国における信仰のあり方、中でもイスラームと関連して明澄な道標を得られることを念じてやまない。そして、本叢書の成果を少しでも是とされる読み手に恵まれるならば、そこにはすでに宇宙存在万物の不可思議な出会いと新たな生命の誕生を感じないではいられないのである。

この信仰叢書の企ては総編集者がかなり以前より、日の目を見るかどうかとはまったく無関係に、自分への課題としてまず着手したものであった。そしてその中の何冊かは、先行して世に問う形にもなりはじめていた。そのような苦況を見て国書刊行会に樋口美作氏が持ち込まれ、同出版社佐藤今朝夫社長の英断により、ようやく実現することとなったものである。

右の関係者に加え、約二〇名に上る執筆者や、板垣雄三、片倉もとこ、杉谷義純、林昂、吉村作治各氏ら叢書推薦の先生方のご協力と、視点の高いご配慮に対する御礼もまだ十分に行き届かない現状であるが、この場を借りても深甚な謝意を記しておきたい。また国書刊行会編集の畑中茂氏の慎重にして誠実な仕事ぶりも、叢書が滞りなく最終駅にたどり着くのに大きな力となってきた。同氏は去夏同社を定年退職されたが、時には随分なわがままを聞いていただいた場面もあった。改めて御礼と敬意を表すべきものと考えている。

一方、この叢書は残念ながらまだ洛陽の紙価を高くするほどの勢いは得ていない。それは総編集者の非力ゆえであると同時に、真の意味の信仰空白時代という未曾有の社会事情全般の反映という面もあることは多言を要しないだろう。それをしも、いくつかの出版物で逆転しうるものではない。真実への闘いは、静かながら忍耐強く続けるしかない。

アラブの諺に言う、忍耐は信仰から、性急さは悪魔から、と。

万有の主、アッラーに称賛を、そして全世界に溢れるお慈悲を。

「イスラーム信仰叢書」総編集者　水谷　周

参考文献

本書を執筆するに当たり、多くの欧文文献を参照した。しかしながら、本書が専門書ではないことに鑑み、ここでは、一部の比較的新しく入手しやすい和文・英文の文献を中心に、テーマ別に挙げた。また、文中で引用した史料の邦訳についても合わせて列記した。

クルアーン

日本ムスリム協会『日亜対訳注釈 聖クルアーン』、二〇〇七年（第9版）。

聖書

『新共同訳旧約聖書』日本聖書協会。

史料

池田 修「イブン・アル＝カルビィー『偶像の書』（訳）」『東洋文化』54、一六五－二〇二頁（原文および仏訳Wahib Atallah, *Les Idoles de Hicham Ibn Al-Kalbi*, Paris, 1969）。
織田武雄監修、中務哲郎訳『プトレマイオス地理学』東海大学出版会、一九八九年（第2版、初版一九八六年）。
蔀 勇造「新訳『エリュトラー海案内記』」『東洋文化研究所紀要』第一三二冊、一九九七年、一－三〇。

ストラボン、飯尾都人訳『ギリシア・ローマ世界地誌』（全2巻）龍渓書舎、一九九四年。

中野定雄他訳『プリニウスの博物誌』（全3巻）雄山閣、二〇〇一年（第6版、初版一九八六年）。

ヘロドトス、松平千秋訳『歴史』（全3巻）岩波文庫、一九九三年（第29版、初版一九七二年）。

牧野信也訳『ハディース』Ⅰ～Ⅵ、中央公論新社、二〇〇一年。

村川堅太郎訳注『エリュトゥラー海案内記』中公文庫、一九九三年（生活舎版 初版一九四五年）。

ジャーヒリーヤ詩

小笠原良治『ジャーヒリーヤ詩の世界―イスラーム以前のアラビア』至文堂、一九八三年。

ターハー・フサイン、高井清仁訳『イスラム黎明期の詩について』ごとう書房、一九九三年。

ヨーロッパ人のアラビア探検

トマス・ジョゼフ・アサド、田隅恒生訳『アラブに憑かれた男たち―バートン、ブラント、ダウティ』法政大学出版局、二〇〇一年。

ジェイムズ・C・シモンズ、佐久間良子訳『情熱的な巡礼者たち―アラビアの砂漠をめざした英国人旅行者』、国文社、一九九七年。

R・H・キールナン、岩永博訳『秘境アラビア探検史』上巻、法政大学出版局、一九九四年。

トーキル・ハンセン、伊吹寛子訳『幸福のアラビア探検記』六興出版、一九八七年。

アラビア史全般

Hoyland, R. G., *Arabia and the Arabs: From the Bronze Age to the Coming of Islam*, London and New York, 2001.

Retsö, J., *The Arabs in Antiquity: Their History from the Assyrians to the Umayyads*, London and New York, 2003.

小川英雄・山本由美子『世界の歴史 4 オリエント世界の発展』中央公論社、一九九七年。

フィリップ・K・ヒッティ、岩本 博訳『アラブの歴史』上、講談社学術文庫、一九九一年。

前嶋信次『アラビア史』修道社、一九七一年（増補再版、初版一九五八年）

サバティーノ・モスカーティ、杉勇訳校閲、鈴木一州訳『古代オリエント史』講談社、一九六七年。

南アラビア

Breton, J.-F. (Translated by A. LaFarge), *Arabia Felix from the Time of the Queen of Sheba*, Notre Dame (Indiana), 1999 (*Arabie heureuse au temps de la reine de Saba'*, Paris, 1998.)

De Maigret, A., (Translated by R. Thompson), *Arabia Felix: An Exploration of the Archeological History of Yemen*, London 2002.

Simpson, J. (ed.), *Queen of Sheba: Treasures from ancient Yemen*, London, 2002.

蔀 勇造『シェバの女王—伝説の変容と歴史との交錯』山川出版、二〇〇六年。

北アラビア

Al-Ansary, A. R. and H. Abu Al Hassan, *Al-'Ula and Mada'in Salih*, Riyadh, 2004.

Al-Ghabban, A. I. et al. (dir.), *Routes d'Arabie: Archéologie et histoire du royaume d'Arabie saoudite*, Paris, 2010.

Markoe, G. (ed.), *Petra Rediscovered: Lost City of the Nabataeans*, London and New York, 2003.

その他

Trimingham, J. S., *Christianity among the Arabs in Pre-Islamic Times*, Beirut, 1990 (1st ed. 1979).

蔀　勇造「古代文明とイスラーム」後藤明編『文明としてのイスラーム』、栄光教育文化研究所、一九九四年、四三－八一頁。

ヨセフ・ナヴェー、津村俊夫他訳『初期アルファベットの歴史』法政大学出版局、二〇〇〇年。

図版出典（引用）

図版典拠に関しては、文中のそれぞれの図版のキャプション内で（著〔監修・編〕者名：頁数）の形で示した。同じ著者の著作が複数存在する場合は、著者名の後に出版年を、さらに同一出版年の場合は出版年の後に記号を付けて区別した。

Abdul Nayeem, M.

2000 *The Rock Art of Arabia: Saudi Arabia, Oman, Qatar, The Emirates & Yemen*, Hyderabad.

Académie des Inscriptions et Belles-Lettres

1977 *Corpus des inscriptions et antiquités sud-arabes*, I: section 2, Louvain.

1986 *Corpus des inscriptions et antiquités sud-arabes*, II: Le Musée d'Aden, fasc. 2, Louvain.

Al-Ansary, A.-R.

1982 *Qaryat al-Fau: A Portrait of Pre-Islamic Civilization in Saudi Arabia*, Riyadh, 1982.

Al-Anṣārī, 'Abd al-Raḥmān（=Al-Ansary）& Ḥusain Abū al-Ḥasan

2002a *Al-'Ulā wa Madā'in Ṣāliḥ*, Al-Riyāḍ（Riyadh）.

2002b *Taymā': Multaqā al-ḥāḍārāt*, Al-Riyāḍ（Riyadh）.

Al-Ghabban, A. I. et al.（dir.）

2010 *Routes d'Arabie: Archéologie et histoire du royaume d'Arabie Saoudite*, Paris.

Al-Muaikel, Kh.

2002 "Pre-Islamic Arabic Inscriptions from Sakaka, Saudi Arabia," J. F. Healy and V. Porter ed., *Studies on Arabia in Honour of G. Rex Smith*, Oxford, pp. 157-169.

Al-Rāshid, Sa'd (dir.)

2003 *Āthār Minṭaqat Najrān*, Al-Riyāḍ (Riyadh)

Al-Said, S.

2004 "Early South Arabian-Islamic Bilingual Inscription from Najran," *Arabian Archaeology and Epigraphy*, 15, pp. 84–88.

Al-Said, S. F. and A. M. Al-Muneef,

2004 *Schriftkulturen*, Riyadh.

Anati, E.

1968 *Expedition Philby-Ryckmans-Lippens en Arabie*, 1ère partie, Geographie et archéologie t. 3, Rock-Art in Central Arabia volume 2, Louvain, 1968.

2003 *Aux origines de l'art: 50,000 ans d'art préhistorique et tribal*, Paris.

Anonym.

2011 "Tayma in Saudi Arabia," *The Diplomat*, 27, pp. 60-63.

Beeston, A.F.L. et. al.

1984 *Sabaic Dictionary*, Louvain-la-Neuve and Beyrouth.
Bienkowski, P. (ed.)
1996 *The Art of Jordan*, London (Paperback edition).
Calvet, Y. & Ch. Robin
1997 *Arabie heureuse, Arabie déserte*, Paris.
Cantineau, J.
1932 *Le Nabatéen*, II, Paris.
Cleveland, R. L.
1965 *An Ancient South Arabian Necropolis*, Baltimore.
Daum, W. (ed.)
1987 *Yemen: 3000 Years of Art and Civilisation in Arabia Felix*, Innsbruck and Frankfurt, 1987.
De Maigret, A. (Translated by R. Thompson)
2002 *Arabia Felix: An Exploration of the Archeological History of Yemen*, London.
Department of Antiquities and Museums, Ministry of Education, Kingdom of Saudi Arabia
1975 *An Introduction to Saudi Arabian Antiquities*, Riyadh.
Doe, B.
1983 *Monuments of South Arabia*, Naples, Cambridge and New York.
Fujii, S. and R. Tokunaga

2007 “A Brief Report on Hismaic Inscriptions from Rus Abu Tulayha in the Jafr Basin, Southern Jordan” *Annual of the Department of Antiquities of Jordan*, 51, pp. 361-372.

Gabrieli, F. et al.

1994 *L'Arabie avant l'Islam*, Aix-en-Province.

Gerlach, I.

2003 *25 Jahre Ausgrabungen und Forschungen im Jemen 1978-2003* (*25 Years Excavations and Research in Yemen 1978-2003*), Sanaa.

Gribaudo, P. (ed.)

2000 *La Regina di Saba: Arte e Legenda dallo Yemen*, Milano.

Healey, J. F. & G. R. Smith

1989 “Jaussen-Savignac 17 - The Earliest Dated Arabic Document (A.D. 267),” *Atlal* (*The Journal of Saudi Arabian Archaeology*), 12, pp. 77-84, Pl. 46.

Khalil, R. and D. Aly

2003 *Egypt's Natural Heritage*, Cairo (First edition: 2000).

Lambdin, T. O.

1978 *Introduction to Classical Ethiopic* (*Ge'ez*), Atlanta.

Lindner, M. (ed.)

1997 *Petra und das Königreich der Nabatäer*, München.

Littmann, E.

1949 *Semitic Inscriptions*, Section D: Arabic Inscriptions, Leyden.

Macdonald, M. C. A.

2000 "Reflections on the Linguistic Map of Pre-Islamic Arabia," *Arabian Archaeology and Epigraphy* 11, 2000, pp. 28-79.

2008 "Ancient North Arabian," in R. D. Woodard, ed, *The Ancient Languages of Syria-Palestine and Arabia*, Cambridge, pp. 179-224 (*Idem*, Cambridge *Encyclopedia of the World's Ancient Languages*, Cambridge, 2004の1部が単行本として刊行されたもの).

Manniche, L.

1999 *Egyptian Luxuries: Fragrance, Aromatherapy, and Cosmetics in Pharaonic Times*, Cairo.

Markoe, G. (ed.)

2003 *Petra Rediscovered: Lost City of the Nabataeans*, London and New York.

Patrich, J.

1990 *The Formation of Nabatean Art: Prohibition of a Graven Image Among the Nabateans*, Jerusalem.

Pirenne, J.

1977 *Corpus des inscriptions et antiquités sud-arabes* (=CIAS), I-2, Louvain.

Pisani, E. and Bennouna M. (dir.)

1994 *Oman: Entre mers et citadelles*, Paris, 1994.

Phillips, W.
1955 *Qataban and Sheba*, New York.
Robin, Ch.
1992a *Inventaire des inscriptions sudarabiques*, t. 1: Inabba', Haram, Al-Kāfir, Kamna et Al-Ḥarāshif, fasc. B, Paris and Rome.
1992b *Arabie antique de Karib'il à Mahomet*, Aix-en-Provence.
Robin, Ch. & B. Vögt（coordin.）
1997 *Yémen: au pays de la reine de Saba*, Paris, 1997
Serjeant, R. B.
1976 *South Arabian Hunt*, London.
Simpson, J.（ed.）
2002 *Queen of Sheba: Treasures from ancient Yemen*, London.
Winnett, F. V. and W. L. Reed
1970 *Ancient Records from North Arabia*, Toronto.
L・パガーニ（解説）
一九七八『プトレマイオス世界図』竹内啓一 解説翻訳、岩波書店。

ウェブサイトからの図版引用（二〇一一年二月一日現在）

Web①: Smithsonian National Museum of Natural History（スミソニアン自然史博物館）
http://www.mnh.si.edu/epigraphy/e_pre-islamic/fig04_sabaean_img.htm

Web②: "Nabonidus" in Wikipedia（English）, photo by Jona Lendering
http://en.wikipedia.org/wiki/Nabonidus

Web③: "Carsten Niebuhr" in Wikipedia（Dansk）
http://da.wikipedia.org/wiki/Carsten_Niebuhr

Web④: "Johann Ludwig Burckhardt" in Wikipedia（English）
http://en.wikipedia.org/wiki/Johann_Ludwig_Burckhardt

Web⑤: "Wilhelm Gesenius" in Wikipedia（English）
http://en.wikipedia.org/wiki/Wilhelm_Gesenius

アラビア史関連年表

エジプト・地中海世界・エチオピア	南アラビア	北西アラビア	シリア・メソポタミア
前4200年頃〜前3150年　エジプト先王朝時代。	前3万年〜前1万年頃　後期旧石器時代。 前1万年〜3000年頃　新石器時代。 前7000年頃　岩絵が描かれるようになる。		前4000〜前3150年頃　銅石器時代（パレスチナ）。 前3150〜前2200年　初期青銅器時代（パレスチナ）。
紀元前3100年〜紀元前2686年　エジプト初期王朝時代。			前33世紀頃　シュメール人が南メソポタミアに到来。
前2986年〜前2181年　エジプト古王国時代、ピラミッドの造営。	前3000〜前1200年頃　青銅器時代。アラビア半島各地で石塚、石製の偶像が造られるようになる。ラクダが輸送手段として使われ始める。		前29〜前24世紀　シュメール初期王朝時代。
前2181年〜前2133年　エジプト第一中間期。	前3000〜前1200年頃　灌漑農耕が始まる。イエメン沿岸部にサブル文化が興る。		前24世紀　サルゴン、アッカド王国を興す。 前2200〜前1550年　中期青銅器時代（パレスチナ）。

前2133年〜前1786年　エジプト中王国時代。

前19世紀頃　エジプト、シナイ半島に初期アルファベットが現れる。

前1786年〜前1567年　エジプト第二中間期、ヒクソスによる支配。

前1570年〜前1085年　エジプト新王国時代。

前15世紀　ハトシェプスト女王のプント遠征。

前14世紀　アマルナ時代。

前1303年〜前1213年　ラムセス2世の統治。カデシュでヒッタイトと戦う（前1304年）。ヒッタイトとの平和条約締結（前1270年）。

前1085年〜前525年　エジプト末期王朝時代。

アラビア半島の交易路の活発化、アルファベットの伝播。

前1200年頃〜　鉄器時代。

前12〜10世紀頃　南アラビアにアルファベットが伝わる。

前19世紀初〜前16世紀初　古バビロニア時代。

前18世紀　ハンムラビ法典の編纂（バビロニア）。

前1550〜1200年　後期青銅器時代（パレスチナ）。

前15世紀頃　カナアンに初期アルファベットが現れる。

前12世紀　ヒッタイト帝国滅亡。アッシリア帝国時代始まる。

前10世紀（シェバの女王のソロモン王訪問？）

エジプト・地中海世界・エチオピア	
南アラビア	前8世紀　サバア（都マアリブ）、マイーン（都バラーキシュ）が成立。
北西アラビア	前9世紀　この頃よりアラム文字が広まり、各地で様々な書体が生まれる。
シリア・メソポタミア	前853年　アッシリア王シャルマナセル三世の戦勝碑文で、シリアの支配者の一人に「千頭のラクダを伴ったアラブの王ギンディブ」の名が言及される。 前744年　アッシリアにティグラト・ピレセル3世即位、シリア・バビロニアを征服。 前738年　アラブの女王ザビベがティグラト・ピレセル3世に朝貢。 前732年　ティグラト・ピレセル3世、アラブの女王シャムシを制す。 前721年～前705年　サルゴン2世、アラブ諸部族にアッシリアとエジプトを結ぶ通商路の保護監督を託す。 前716年頃　アッシリア史料で初めて「サバア」の名が言及される。

前525年~前332年　アケメネス朝ペルシア、エジプトを支配。

前5~前4世紀　サバアからエチオピアへの移民。

前334~330年　アレクサンドロス大王のアケメネス朝ペルシア征服。

前323年　アレクサンドロス大王没。

前6世紀　マアリブのダムが造られる。南アラビア各地に多神教の神殿が建立されるようになる。カタバーン王国（都ティムナ）、ハドラマウト王国（都シャブワ）成立。

前4~前2世紀　カタバーンの最盛期。

前7世紀　アッシリア・バビロニア間の戦争。タイマーを拠点とするケダルのアラブ、バビロニア側に与して敗北。

前6世紀　ウラーにディーダーン王国興る。

前553年　新バビロニア最後の王ナボニドスがタイマーに移住（約10年間）。

前4世紀末　ウラーにリフヤーン王国が成立。

前689年頃　サバア王カリブイルによるアッシリア朝貢。

前625年　新バビロニアの成立。

前609年　アッシリア滅亡。

前605年　新バビロニア、カルケミシュの戦いでエジプトに勝利。

前597年　新バビロニア王ネブカドネザルによるバビロン捕囚。

前539年　新バビロニア、アケメネス朝ペルシアによって滅ぼされる。

前330年　アケメネス朝ペルシャ、アレクサンドロス大王によって滅ぼされる。

前312年　セレウコス朝シリア興る。

エジプト・地中海世界・エチオピア	前332～前30年　アレクサンドリアを中心にプトレマイオス朝が栄える。	前100年頃　エチオピアにアクスム王国が成立。	前30年　プトレマイオス朝滅亡。エジプトはローマの属州となる。		
南アラビア	前3世紀後半　ハドラマウトの最盛期。	前2世紀　マイーンの一部、サバアに併合、一部はアラブの支配下に入って滅亡。イエメン北部のジャウフ地方にアラブが浸透する。	前175年頃　カタバーンがハドラマウトに併合されて消滅。	前100年頃　ヒムヤル族などイエメン高地の部族が勢力を強める。ザファールを都にヒムヤル王国成立。	前24年　ローマ帝国エジプト総督アエリウス・ガッルスのアラビア遠征。南アラビアまで達するが、失敗に終わる。
北西アラビア	前168年　ペトラを拠点にナバテア王国興る。リフヤーン王国を征服し、マダーイン・サーリフ、ウラーを支配。	前1世紀　ナバテア王国の最盛期。	1世紀後半～2世紀　ローマ帝国の迫害によるディアスポラでユダヤ人がアラビアへ移住。		
シリア・メソポタミア	63年　セレウコス朝シリア、ローマに併合。				

307~337年　ローマ帝国、コンスタンティノス1世の治世。

4世紀　エチオピアのアクスム王国、紅海・インド洋貿易の覇権を握る。

337~361年　ローマ帝国、コンスタンティノス2世の治世。

3世紀　アビシニア人がイエメン西部に入植。

275年頃　ヒムセルによるサバア併合。

4世紀初　ヒムヤル、ハドラマウトを併合。ティハーマのアビシニア人を駆逐。

106年　ナバテア王国ローマに併合される。北アラビア、ローマの属州となる。

3世紀　イエメン出身のガッサーン族、シリアにキリスト教のガッサーン朝をたてる。

224年　サーサーン朝ペルシアが成立。

247~224年　ペルシア・メソポタミアにパルティア王国が栄える。

260~273年　シリアのパルミラ王国が隊商貿易の拠点として繁栄。

266年　イエメン出身のラフム族、イラクのヒーラにキリスト教のラフム朝をたてる。

エジプト・地中海世界・エチオピア	356年　アクスム王国のキリスト教化。 395年　ローマ帝国東西に分裂。 527年〜565年　ユスティニアヌス帝時代（東ローマ）
南アラビア	340年頃　ローマ帝国の使節テオフィロス・インドゥスがヒムヤルに派遣される。キリスト教を布教。一方ユダヤ教も南アラビアに徐々に広まる。 360〜370年頃　ヒムヤルにおいて一神教が採用され、南アラビア古来からの多神教の神々が信仰されなくなる。 522年　ユダヤ教徒のヒムヤル王ユースフ・アスアル王の即位。 523年　ユースフ・アスアルによるナジュラーンのキリスト教徒迫害。 525年頃　アビシニア、ユースフ・アスアルを殺してスムヤファア・アシュワアをヒムヤル王に据え、キリスト教傀儡政権をたてる。
北西アラビア	4世紀〜6世紀　キンダ王国興る。初期はハドラマウト、5世紀前半からカルヤト・アルファーウを拠点とする。5世紀後半、ヒムヤルに倣いユダヤ教を採用。 6世紀前半　キンダ王国衰退、ラフム朝によって滅ぼされる。
シリア・メソポタミア	328年「全アラブの王」を名乗ったラフム朝のイムルウ・カイス没す（シリアのナマーラにナバテア文字で墓碑を残した）。

641年　エジプト、イスラーム政権下に入る。	535年　エチオピア人総督アブラハ、スムヤファア王を廃して王位に就く。サヌアーに遷都。 550年　サヌアーの大聖堂（カリース）の建立。 552年　アブラハの中央アラビア遠征（＝570年の「象の年」の遠征？）。 570年頃　サーサーン朝支配下に入る。 630年頃　イスラーム政権下に入る。	570年頃　預言者ムハンマド、マッカに生まれる。 610年　ムハンマドにアッラーの啓示が下る。 622年　聖遷（ヒジュラ）。 630年　マッカ開城。 632年　ムハンマド没。	642年　ニハーヴァンドの戦いでサーサーン朝、イスラーム軍に敗北。 651年　サーサーン朝滅亡。

著者紹介

徳永　里砂（とくなが　りさ）

1997年慶應義塾大学文学部卒、1999～2001年カイロ大学留学、2005年慶應義塾大学大学院文学研究科にて博士（史学）学位取得。日本学術振興会特別研究員、慶應義塾大学非常勤講師を経て2008年よりアラブイスラーム学院勤務。専門は古代アラビア考古学・碑文学。「碑文及び考古学資料から見た古代エジプトと南アラビアの関係」（『オリエント』第45巻第1号、2002年）、中村覚編『サウジアラビアを知るための65章』（明石書店、2007年、分担執筆）等。

イスラーム成立前《せいりつまえ》の諸宗教《しょしゅうきょう》　ISBN978-4-336-05211-7

平成24年2月20日　初版第1刷発行

著者　徳永里砂

発行者　佐藤今朝夫

〒174-0056 東京都板橋区志村 1-13-15

発行所　株式会社　国書刊行会

電話 03(5970)7421　FAX 03(5970)7427

E-mail: info@kokusho.co.jp　URL: http://www.kokusho.co.jp

落丁本・乱丁本はお取替えいたします。　印刷 モリモト印刷㈱　製本 ㈱ブックアート